Cantatas with Violins

Part 2

Recent Researches in Music

A-R Editions publishes seven series of critical editions, spanning the history of Western music, American music, and oral traditions.

Recent Researches in the Music of the Middle Ages and Early Renaissance
    Charles M. Atkinson, general editor

Recent Researches in the Music of the Renaissance
    James Haar, general editor

Recent Researches in the Music of the Baroque Era
    Christoph Wolff, general editor

Recent Researches in the Music of the Classical Era
    Neal Zaslaw, general editor

Recent Researches in the Music of the Nineteenth and Early Twentieth Centuries
    Rufus Hallmark, general editor

Recent Researches in American Music
    John M. Graziano, general editor

Recent Researches in the Oral Traditions of Music
    Philip V. Bohlman, general editor

Each edition in *Recent Researches* is devoted to works by a single composer or to a single genre. The content is chosen for its high quality and historical importance and is edited according to the scholarly standards that govern the making of all reliable editions.

For information on establishing a standing order to any of our series, or for editorial guidelines on submitting proposals, please contact:

A-R Editions, Inc.
Middleton, Wisconsin

800 736-0070 (North American book orders)
608 836-9000 (phone)
608 831-8200 (fax)
http://www.areditions.com

RECENT RESEARCHES IN THE MUSIC OF THE BAROQUE ERA, 163

Francesco Gasparini

Cantatas with Violins

Part 2
Alto Cantatas
Soprano and Alto Cantatas

Edited by Lisa Navach

A-R Editions, Inc.
Middleton, Wisconsin

Performance parts are available from the publisher.

A-R Editions, Inc., Middleton, Wisconsin
© 2010 by A-R Editions, Inc.

All rights reserved. No part of this book may be reproduced or transmitted in any form by any electronic or mechanical means (including photocopying, recording, or information storage and retrieval) without permission in writing from the publisher.

The purchase of this edition does not convey the right to perform it in public, nor to make a recording of it for any purpose. Such permission must be obtained in advance from the publisher.

A-R Editions is pleased to support scholars and performers in their use of *Recent Researches* material for study or performance. Subscribers to any of the *Recent Researches* series, as well as patrons of subscribing institutions, are invited to apply for information about our "Copyright Sharing Policy."

Printed in the United States of America

ISBN-13: 978-0-89579-680-6
ISBN-10: 0-89579-680-5
ISSN: 0484-0828

∞ The paper used in this publication meets the minimum requirements of the American National Standard for Information Sciences—Permanence of Paper for Printed Library Materials, ANSI Z39.48-1992.

Contents

Acknowledgments viii

Texts and Translations ix

   Notes xxx

Alto Cantatas

Destati, Lidia mia

   1. Aria: "Destati, Lidia mia" 3
   2. Recitativo: "Destati, Lidia, che se tardi" 6
   3. Aria: "Lidia, il sonno sai cos'è?" 7

Ecco che alfin ritorno

   1. Recitativo: "Ecco che alfin ritorno" 12
   2. Aria: "La pietà che ancor non trova" 13
   3. [Recitativo]: "Ma intanto, o ingrata Irene" 16
   4. Aria: "Il nocchier nella procella" 18

Il mio sol quando partì

   1. [Aria]: "Il mio sol quando partì" 22
   2. Recitativo: "Alla torbida aurora" 25
   3. Aria: "Non lo credo e non lo spero" 26
   4. Recitativo: "E pace e libertà" 28
   5. [Aria]: "Amor e Fe' ti guidi" 29

Soprano and Alto Cantatas

Dimmi, gentil Daliso (Dori, Daliso)

   1. Sinfonia 36
   2. [Recitativo]: "Dimmi, gentil Daliso" (Dori, Daliso) 39
   3. Aria: "Ancor io, Daliso mio" (Dori) 40
   4. [Recitativo]: "Quant'è saggio colui" (Daliso) 42
   5. [Aria]: "No che non voglio amar" (Daliso) 43
   6. [Recitativo]: "Semplice ed inesperto" (Dori, Daliso) 48
   7. [Aria]: "È cosa da tiranno" (Dori) 50
   8. [Recitativo]: "Come esperta maestra" (Daliso, Dori) 53
   9. Aria: "Pensa il mio core" (Daliso) 55
   10. [Recitativo]: "Ma tu ch'eri poc'anzi" (Dori, Daliso) 59
   11. Aria [a 2]: "Saprò sperar costante" (Daliso, Dori) 60

Già dal platano antico (Tirsi, Clori)

   1. [Recitativo]: "Già dal platano antico" (Tirsi) 67
   2. [Aria]: "Senti quell'usignolo" (Tirsi) 68
   3. [Recitativo]: "Il mio nido tu sei" (Tirsi, Clori) 72
   4. Aria: "Specchiati in quel ruscello" (Clori) 73

5. [Recitativo]: "Tirsi bell'idol mio" (Clori, Tirsi)   80
6. Aria: "Quando nasce il sol dall'onde" (Tirsi)   81
7. [Recitativo]: "Quando da te lontana" (Clori)   85
8. Aria: "Dal suo margine adorato" (Clori)   85
9. [Recitativo]: "Clori/Tirsi, bell'idol mio" (Clori, Tirsi)   91
10. Aria [a 2]: "Questo pianto abbia il vanto/Questo fiore sia l'onore" (Clori, Tirsi)   92

Importuno Cupido (Tirsi, Clori)

1. Introduzione   98
2. Recitativo: "Importuno Cupido" (Tirsi)   99
3. Aria: "Son sì care sì gradite" (Clori)   100
4. [Recitativo]: "Ah mio nume, mio bene" (Tirsi, Clori)   103
5. [Aria]: "Amante non gradito" (Tirsi)   104
6. [Recitativo]: "Troppo s'avanza" (Clori, Tirsi)   105
7. Aria: "Sì sì serbar vorrei" (Clori)   106
8. [Recitativo]: "Miro la mia tiranna" (Tirsi)   109
9. Aria: "Adorar sol per soffrire" (Tirsi)   110
10. [Recitativo]: "Tirsi, che far degg'io" (Clori, Tirsi)   111
11. Aria: "Zeffiretto, che dolce spirando" (Clori)   112
12. [Recitativo]: "Non han gli amanti" (Clori)   116
13. Aria: "Primavera che tutt'amorosa" (Tirsi)   117
14. [Recitativo]: "Tali sono sì sì" (Tirsi)   121
15. Aria: "Finché l'ardore" (Clori)   122
16. [Recitativo]: "Tutta fe' " (Tirsi, Clori)   125
17. Aria a 2: "Crudel, vuoi ch'io mora?" (Tirsi, Clori)   126

Io che dal terzo ciel (Venere, Adone)

1. [Recitativo]: "Io che dal terzo ciel" (Venere)   130
2. Aria: "Come infiamma con luce serena" (Venere)   130
3. [Recitativo]: "Se già nacqui fra l'onde" (Venere)   132
4. Aria: "T'amerò come mortale" (Adone)   132
5. [Recitativo]: "Non m'adorar no no" (Venere)   135
6. Aria: "Tutto il bello in un sol bello" (Venere)   135
7. [Recitativo]: "È il mio volto mortale" (Adone)   137
8. [Aria]: "Ove scherza il ruscel col ruscello" (Adone, Venere)   137
9. [Recitativo]: "Del ruscel dell'augello" (Adone, Venere)   142
10. [Aria] a 2: "La pastorella ove" (Venere, Adone)   143
11. [Recitativo]: "Qual farfalletta anch'io" (Venere, Adone)   148
12. Aria: "Meco parte il mio dolore" (Venere)   148
13. [Recitativo]: "Ecco ti lascio" (Venere, Adone)   149
14. Aria: "Usignol che nel nido sospira" (Adone, Venere)   150

Quel bel fonte (Filli, Sileno)

1. Sinfonia   157
2. Aria [a 2]: "Quel bel fonte" (Filli, Sileno)   159
3. [Recitativo]: "Sì sì, Fillide cara" (Sileno)   165
4. Aria: "Della fiamma che m'infiamma" (Sileno)   165
5. Recitativo: "Troppo fuor di ragione" (Filli)   170
6. [Aria]: "Se dimandi a quel ruscello" (Filli)   171
7. [Recitativo]: "No no, Fillide" (Sileno, Filli)   175
8. Aria: "Spera e teme in un istante" (Sileno)   176

    9. Recitativo: "Ah mio dolce Sileno" (Filli)   179
   10. Aria: "Vedrai nella campagna" (Filli)   180
   11. [Recitativo]: "Ma se ciò non ti basta" (Filli, Sileno)   183
   12. Aria [a 2]: "Amami, caro, e spera" (Filli, Sileno)   184

Qui di natura a scorno (Clori, Daliso)

    1. [Recitativo]: "Qui di natura a scorno" (Clori)   190
    2. Aria: "Questi è 'l bosco il monte il prato" (Clori)   191
    3. [Recitativo]: "Clori, mia bella" (Daliso)   196
    4. Aria: "Non mi chiamar infido" (Daliso)   197
    5. [Recitativo]: "Eh, troppo ingrato" (Clori, Daliso)   200
    6. Aria: "Dirti volea crudele" (Clori)   201
    7. [Recitativo]: "Ah Clori t'ingannasti" (Daliso, Clori)   204
    8. [Aria]: "Se ti mancai mio bene" (Daliso)   205
    9. [Recitativo]: "Non più, non più Daliso" (Clori, Daliso)   209
   10. [Aria a 2]: "Già riede nel petto" (Clori, Daliso)   210

Critical Report   217

   Sources   217
   Editorial Methods   217
   Critical Notes   219
   Notes   221

Acknowledgments

Among the official acknowledgments, I am grateful to the professors of the Musicology Department at the University of Pavia in Cremona, particularly Stefano La Via, Maria Caraci, Fabrizio Della Seta, Angela Romagnoli, Marco D'Agostino, and Claudio Vela. I am also indebted to all the librarians who assisted me in my research, particularly Barbara Glowka, head of the Diözesanbibliothek in Münster, who patiently helped me for over two months at the Santini-Sammlung. During my years as a graduate student in Cremona, discussions, workshops, and the mutual support of my colleagues and friends encouraged me to complete my research: special thanks go to them all, especially to Vincenzo Borghetti, Daniele Carnini, Daniele Filippi, Francesco Rocco Rossi, and above all Antonella D'Ovidio, who shared adventurous traveling (to Münster, Hamburg, Paris, London, etc.) in search of sources, long work sessions, and exchanged proofreading of our respective dissertations. I must also thank Bruno Dal Bon, who, although he slowed down the publication of this edition by swamping me with my new job at the Teatro Sociale di Como, has been a wonderful boss and mentor. Finally, this work could not have been written without Riccardo Pecci, who taught me how truth derives from imagination and passion.

Texts and Translations

In the present edition, the texts are modernized according to conventional scholarly criteria.[1] Punctuation, inconsistent and often lacking in the music sources, has been added according to syntactical and logical meaning and modern conventions, usually without further comment; only question and exclamation marks, which appear frequently in the sources but are sometimes confused and mistakenly interchanged, are reported if corrected. Abbreviations and ampersands are tacitly expanded, as is the graphic form *p* (for *per*). Capital letters are retained or added for all proper nouns, including the personification of *Amore* (Cupid); general characters, such as belva, pastor, garzon, and ninfa, are shown in lowercase despite usually being capitalized in the sources. Archaic conventions of the Italian language have been modernized, including: replacing the semivocalic *j* with *i* and *u* with *v*; replacing the dental affricate *ti* with *zi* (e.g., *latio* becomes *lazio*; *satii* becomes *sazi*); omitting the *i* following palatal consonants (e.g., *guancie* becomes *guance*); eliminating the etymological *h* (e.g., *hora* becomes *ora*); and normalizing ambiguous forms of *o* and *a* (e.g., the vocative and disjunctive *o*, exclamation *oh/ah*, and verb *ho/ha*). Accents and orthography have been made to conform to modern conventions (e.g., *mà* becomes *ma*; *benche* becomes *benché*; and *gl'astri* becomes *gli astri*). Moreover, *si* has been changed to *sì* when meaning *così*, and *che* to *ché* when meaning *perché*. Synthetic and analytic forms, such as in adverbs and conjunctions, have been converted to modern usage (e.g., *tal'hor*, *all'or*, *in vece*, and *in tanto* become *talor*, *allor*, *invece*, and *intanto*). Prepositions with articles are likewise converted (e.g., *ne i* and *su i* become *nei* and *sui*) unless the transformation would require doubling the consonant (*su la*, *o pur*, *già che*, and *da l'*, for example, are therefore retained). Typical poetic forms have also been retained, such as enclitic forms of pronouns (e.g., *nol*, *mel*, and *sen*). Single and double consonants have been normalized when inconsistent (e.g., *orida* becomes *orrida*; *fagio* becomes *faggio*), but retained when poetically common and meaningful (such as in *labro* and *imagin*). The translation adheres to the original language as accurately as possible, although syntax and poetic imagery sometimes differ in order to make sense in English. Endnotes record readings that have been corrected in the edition.

Dashes indicating interior rhymes are retained here but are not duplicated in the score. Rhyme and metrical scheme are usually structured as follows: recitative stanzas feature a free mixture of unrhymed *settenari* (heptasyllables) and *endecasillabi* (hendecasyllables); arias follow strophic forms comparable to the *ode-canzonetta* model (generally three- or four-line strophes of six, eight, or ten syllables) or polymetric stanzas similar to Chiabrera's poetry. The rhyme scheme is shown below each aria in a series of italic letters, according to the following conventional system: capital letter = *endecasillabio*; lowercase letter = *settenario*; all other lines are indicated in full before the rhyme scheme or, if isolated, marked by a subscript figure (a_6 = hexasyllable; a_8 = octosyllable, etc.); a prime symbol = a *tronco* line; and the letter *x* = unrhymed lines. Text repetitions (usually based on musical needs) are expanded only to complete hypometric lines.

ix

Alto Cantatas

Destati, Lidia mia

1. Aria

Destati, Lidia mia, che il gallo canta
e 'l foriero del sol fuga le stelle.
Già vola l'augellin di pianta in pianta
e chiamano il pastor le pecorelle.

Metrical scheme. ABAB.

Awake, my Lidia, for the cock is crowing
and the herald of the sun is chasing the stars away.
The birds are already flying from leaf to leaf,
and the sheep are calling for their shepherd.

2. Recitativo

Destati, Lidia, che se tardi, Niso
con la diletta sua superba Clori,
giungerà pria di noi
a pascolar le tenere agnelline
su quell'ameno colle,
che spira da lontan soavi odori
dalle sue molli erbette e freschi fiori.
E quando il sole poi tramonta e cade,
allor ti lagnerai
ché ancora il gregge tuo sazio non hai;
e strano ti parrà se in tutto il prato
un ligustro non trovi, o un giglio almeno,
per farne un paragone al tuo bel seno.

Awake, Lidia, for if you linger, Niso
and his beloved and proud Chloris
will arrive before us
to graze their tender lambkins
on the pleasant hill
that wafts from afar the sweet scents
of its soft grass and fresh flowers.
And when the sun sets and fades,
then you will complain
because you have not fed your flock;
and you will find it odd that in all the meadow
you cannot find a privet, or at least a lily,
to compare to your fair breast.

3. Aria

Lidia, il sonno sai cos'è?
È un'imagin di quel fato
che distrugge ogni beltà.
Nella pace più gradita
tra le piume
toglie i sensi e toglie il lume,
e sol lascia un picciol fiato
quanto basta a respirar.
E non toglie ancor la vita;
sai perché?
Perché toglierla non sa.

Metrical scheme. Octosyllables, a'bc'de$_4$ebx'da$_4$c'.

Lidia, do you know what sleep is?
It is an image of fate
that destroys every beauty.
In the most pleasant peace,
wrapped in feathers,
it deprives you of sense and light
and leaves you very little air,
just enough to breathe,
but does not take your life away.
Do you know why?
Because it does not know how to.

Ecco che alfin ritorno

1. Recitativo

Ecco che alfin ritorno
ai vostri orrori, o solitarie selve;
ecco, che già disciolta
dal duro laccio in cui facea soggiorno
l'anima innamorata,
cercar vuol fra le belve
s'almen pietade ai loro cuor sia data;
già che da allor che il cuore
vinto da un guardo, idolatrò un bel volto,
tutto in lui ritrovò fuori[2] ch'Amore.

Here I return at last
to your horrors, O solitary woods;
here, my loving soul
that, free now
from the harsh ties entangling it,
wants to find out if among the beasts
pity at least is granted to their hearts;
indeed, since then, my heart,
mastered by a glance, idolized a beautiful face
but found in it everything except Love.

2. Aria

La pietà che ancor non trova
in amar beltà crudele
selve amiche, ombrose piante,
sol da voi spera il mio cor.

The pity not yet found
in loving a cruel beauty
my heart hopes to receive only from you,
friendly woods, shady plants.

Ecco già ch'in voi rinova	Here already it renews among you
l'aspre sue giuste querele	its bitter but fair complaints;
in voi ferma il piè costante	it stops among you its steady walk
e già fugge il Dio d'amor.	and already shuns the God of love.

Metrical scheme.   Octosyllables, *abcd' / abcd'*.

3. [Recitativo]

Ma intanto, o ingrata Irene,	But meanwhile, ungrateful Irene,
lascia che, contro te, pastor fedele,	allow me, faithful shepherd,
i rimproveri io volga in questi orrori,	to reproach you in these horrors,
or che l'aspre catene	now that I loosen the bitter chains
dal pie', dal cuore io sciolgo,³ e a men crudele	from my feet and heart, and to less cruel
innocente beltà dono gli amori.	and more innocent beauty I offer my love.
Ma o Cieli, o nome, ahimé, che col pensiere	But, heavens, dear name, alas, as my thoughts
ch'a lei sen vola, e poi ritorna al core,	fly to her and then return to my heart,
al cuor non ancor sciolto	to my heart still not loosened,
torna la rimembranza	the memory emerges
del divino suo volto,	of her divine face
che con finto piacere	that with deceitful pleasure
mi riaccende nel sen l'antico ardore;	rekindles the ancient ardor in my breast;
onde già nasce in me nuova speranza,	so that a new hope, though cruel, is born in me:
benché crudel, d'impietosirla un giorno.	that of moving her one day to pity.
Addio orrori, addio belve,	Farewell horrors, farewell beasts,
vi lascio, amiche selve, e a voi ritorno.	I'll go away, friendly woods, but will come back.

4. Aria

Il nocchier nella procella	The sailor in a storm
per salvar la navicella	hurries to the shore
corre al lido,	to save his little boat;
ma poi riede in grembo al mar.	but then returns to the bowels of the sea.
Così in mezzo a tanto ardore	Thus in the midst of such ardor,
per serbarsi illeso il core	to protect his heart unharmed,
benché fugga un volto infido	though he flees a treacherous face
pur lo torna a riamar.	he then returns to love again.

Metrical scheme.   Octosyllables, *aab₄c' / ddbc'*.

Il mio sol quando partì

1. [Aria]

Il mio sol quando partì	When my sunshine left,
d'atre nubi il ciel coprì,	with gloomy clouds the sky was covered,
poi sereno a me tornò.	then she happily returned to me.
Piansi allor, ma in vicinanza	I then cried, but close
del ritorno la speranza	to her return, hope
il mio core serenò.	brightened up my heart.

Metrical scheme.   Octosyllables, *a'a'b' / ccb'*.

2. Recitativo

Alla torbida aurora	After the turbid sunrise
da cui vidi rapirmi il caro bene,	that I saw carrying away my love,
tosto successe una gioconda sera	soon followed a pleasant evening
che mi tolse da pene;	that relieved my grief;
e pur lo miro, e non lo credo ancora	and yet I admire her, and I still don't trust
quel mio dolce tesoro	my sweet treasure,
a cui vicin languisco, e lungi io moro.	close to whom I languish, but far from whom I die.

3. Aria

Non lo credo e non lo spero
di goder mai quella pace
che in amor mai non si dà.

Pur contento il mio pensiero
del suo duolo si compiace
né più brama libertà.

Metrical scheme. Octosyllables, *abc' / abc'*.

I don't believe and I don't hope
to ever enjoy the peace
that in love is never given.

Even my happy thought
rejoiced at its suffering,
no more longing for freedom.

4. Recitativo

E pace e libertà, Clori adorata,
son le vittime offerte al tuo bel viso.
Tu le ricevi, e grata
fa che il tuo cor, dal mio giammai diviso,
regoli ancora il piede,
e sempre a me ti guidi amore e fede.

Peace and freedom, beloved Chloris,
are the victims offered to your beautiful face;
you receive them, and grateful
let your heart, never parted from mine,
still direct your steps
and always lead love and faith to me.

5. [Aria]

Amor e Fe' ti guidi
per valli monti e lidi
purché tu sia con me;

ché troppo rio tormento
anche per un momento
dire il mio ben dov'è.

Metrical scheme. *aab' / ccb'*.

You [may] lead love and faith
to hills, mountains, and shores
as long as you're with me;

because it's a great torment
even for one moment
to say where is my love.

Soprano and Alto Cantatas

Dimmi, gentil Daliso (Dori, Daliso)

2. [Recitativo]

DORI
Dimmi, gentil Daliso,
e non celarmi il vero:
ai diletti d'amore
volgesti ancora il giovanil pensiero?

DALISO
Fuggite sempre, o pastorella Dori,
ho d'amor le catene.

DORI
Ma perché?

DALISO
Perché temo le sue pene.

DORI
Tell me, kind Daliso,
and do not conceal the truth:
to the delights of love
did you turn again your youthful thoughts?

DALISO
You always run away, shepherdess Dori,
I am bound by the chains of love.

DORI
But why?

DALISO
Because I fear to be hurt.

3. Aria

DORI
Ancor io, Daliso mio,
non so ancor che cos'è amor,
ma non fuggo i lacci suoi
perch'io tema di penar.

DORI
Still, my Daliso,
I don't know what love is,
but I don't flee its snares
for fear of being hurt.

Degno oggetto del suo affetto sol desia – l'alma mia, perché certa avrebbe poi la mercé del sospirar.	To be the deserving object of his affection is the only desire of my heart, certain to have then the reward for sighing.

Metrical scheme.   Octosyllables, *ab'cd' / efcd'*.

4. [Recitativo]

DALISO Quant'è saggio colui (mi dice il vecchio Ireno) che da' perigli altrui tragge norma a sua vita. Veggio tutti gli amanti o mesti o disperati per le ninfe incostanti. Altri getta sospiri su la tradita sua dolce speranza, altri sfoga i martiri per non serbata fede, e di tutto è cagion l'empia incostanza.	DALISO How wise is the one (old Ireno tells me) who from other people's troubles gains a warning for his life. I see all lovers either sad or desperate because of unfaithful nymphs. Some cast sighs on the betrayed sweet hope, others pour out their suffering for unnourished trust, and of all this cruel unfaithfulness is the cause.

5. [Aria]

DALISO No che non voglio amar – per non penar ch'in sen d'un infedele v'è troppa crudeltà. Chi fu pietosa un dì, – ma poi tradì, quant'era men crudele se non avea pietà.	DALISO No, I don't love so that I don't suffer, because in the heart of an unfaithful lover there is too much cruelty. He who once was merciful, but then betrayed, would have been less cruel having no mercy at all.

Metrical scheme.   *Abc' / Dbc'*.

6. [Recitativo]

DORI Semplice ed inesperto, troppo credi a un errore . . .	DORI Simple and ingenuous, you believe too strongly in an error—
DALISO ed erran tanti e tanti amanti pastorelli?	DALISO Do many and so many shepherd lovers err?
DORI mi spiace che Daliso erra con quelli.	DORI I am sorry Daliso also errs with them.
DALISO Ma dimmi . . .	DALISO But tell me—
DORI No, rispondi: or a questa capanna, ed or a quella, al bosco, al fonte, al prato, senza aver tema degli altrui rigori vanno le ninfe?	DORI No, answer this: to this hut, or to that one, to the woods, springs, and meadows, do the nymphs go without fear of the severity of others?
DALISO E vanno anche i pastori.	DALISO And shepherds go there too.

DORI
Soffrir un folto stuolo
d'umili adoratori,
un dell'altro nemici,
convien far a' pastori o a pastorelle?
a chi?[4] rispondi.

DALISO
A quelle.

DORI
Or dimmi: e qual amante
vedesti ancor ch'a tutte le capanne
delle ninfe vezzose
non volga sempre il piede?
Dimmi: e qual mai si vede
stuol di ninfe far prieghi ad un pastore?
anzi qual ninfa sola
benché tutto nel seno
abbia il foco d'amore?
Dimmi: qual pastorello,
non se più ninfe no, ma se una sola
supplice si vedesse,
qual mai resisterebbe ai primi accenti?
E noi siamo incostanti
sprezzando ognor sì numerosi amanti.

7. [Aria]

DORI
È cosa da tiranno
mancar di fedeltà,
poi dare a chi non l'ha
la colpa dell'error.

Amando quest'inganno
allor conoscerai,
e pur allor sarai
infido e ingannator.

Metrical scheme.   ab'b'c' / addc'.

8. [Recitativo]

DALISO
Come esperta maestra,
tu ragioni d'amore;
e di sua fiamma non avesti ancora
i tuoi pensieri accesi?

DORI
A farmi specchio dell'altrui periglio,
Daliso, anch'io dal vecchio Ireno appresi.

DALISO
Ma il vago pastorello
Silvio, che va superbo
perché sa d'esser bello
non prese ancor sovra di te l'impero?
E il possente sincero,
che conta tanti armenti
pascolar nel suo fertile terreno,
fiamma d'amor con sue ricchezze ancora
non portò nel tuo seno?

DORI
To suffer a large crowd
of humble admirers,
enemies of one another,
is it better for shepherds or shepherdesses?
For whom? Answer me.

DALISO
For the shepherdesses.

DORI
Now tell me: have you seen yet
any lover who does not always
set foot in all the huts
of the charming nymphs?
Tell me: and when do you ever see
crowds of nymphs pleading with a shepherd?
Or rather which nymph is by herself
though all her heart
burns of love?
Tell me: what shepherd,
if he sees not many nymphs but
only one supplicant,
would ever resist the first signs of love?
And we are unfaithful,
always scorning so many lovers.

DORI
It is tyrannical
to lack faith
and then blame
the one who has no fault.

By loving you will
learn this deception,
but then you will still be
unfaithful and deceitful.

DALISO
As a learned teacher
you reason about love;
but of love you have not yet
inflamed your thoughts?

DORI
To learn from other people's troubles,
Daliso, I have heard too from old Ireno.

DALISO
But the handsome shepherd
Silvio, who is so proud
because he knows he is handsome,
hasn't he put you under his spell yet?
And the strong and sincere shepherd
who has so many herds
grazing on his fertile land,
hasn't he lit up your loving heart
with his riches?

DORI
Quanto s'inganna quello
che perché ha volto bello
ne crede di ferir con un sol guardo.
Noi sole pastorelle
destar vogliamo amor per esser belle.
S'inganna pur chi crede
da saggia e nobil ninfa
comprar dolce mercede,
perch'elle ad ogni parte
della bellezza che risplende in loro
pensan che non può darsi egual tesoro.

DORI
How wrong is the one
who believes that with his handsome face
he can hurt someone with a single glance.
We lonely shepherdesses
want to be loved in order to be beautiful.
He who believes
that from a wise and noble nymph
he can buy a sweet recompense is also wrong,
because women think that every part
of their resplendent beauty
is greater than any other treasure.

9. ARIA

DALISO
Pensa il mio core
spogliato dal timore
cercar in fra le belle
amor costanza e fe';

ma perché tardo
portare altrove il guardo,
se spero invan fra quelle
quel che non trovo in te?

Metrical scheme. a_5abc' / d_5dbc'.

DALISO
Deprived of fear,
my heart thinks
of searching among the beauties
love, faithfulness, and trust;

but why do I hesitate
in looking elsewhere,
if I hope in vain to find among those
what I don't find in you?

10. [RECITATIVO]

DORI
Ma tu ch'eri poc'anzi
semplice e timoroso
or così audace sei?

DALISO
E questo è 'l frutto delle tue parole:
forse Dori non vuole amar Daliso
or che l'ha fatto amante?

DORI
Ma non un solo istante
basta a far prova dell'altrui costanza;
spera, Daliso, spera: un core amante
si conosce fedel nella speranza.

DORI
But just a while ago
you were ingenuous and timorous,
and now are you so audacious?

DALISO
And this is fruit of your words:
perhaps Dori doesn't want to love Daliso
now that she has made him her lover?

DORI
But a sole instant
is not enough to prove another's faithfulness;
hope, Daliso, hope: a loving heart
becomes faithful through hope.

11. ARIA [A 2]

DALISO
Saprò sperar costante
ma voglio la mercé della speranza.
Ma quando vien l'istante
che premio è della fe', della costanza?

DORI
Se sai sperar costante
non sia senza mercé la tua speranza.
Presto verrà l'istante
che premio è della fe' della costanza.

Metrical scheme. aBaB.

DALISO
I will hope constantly,
but I want a reward for my hope.
But when will the moment rewarding
trust and faithfulness arrive?

DORI
If you will hope constantly,
your hope will not be unrewarded.
Soon the moment rewarding
trust and faithfulness will arrive.

Già dal platano antico (Tirsi, Clori)

1. [Recitativo]

TIRSI
Già dal platano antico e dall'abete
cade l'ombra più breve e già l'armenti
sazi di pascolar le molli erbette
corron veloci ad ammorzar la sete
del rio vicin nei limpidetti argenti;
e noi Clori, mia vita,
sotto l'ombra gradita
ove gareggia insiem l'erbetta e 'l fiore
posiamo il fianco e favelliam d'amore.

2. [Aria]

TIRSI
Senti quell'usignolo
che a te scherzando intorno
vola dal faggio all'orno
e col suo canto dice: «Io ti son fido».

Poi ripigliando il volo
posa di ramo in ramo
e dice: «Oh quanto t'amo»
e ritorna felice al patrio[5] nido.

Metrical scheme. abbC / addC.

3. [Recitativo]

TIRSI
Il mio nido tu sei, Clori ben mio,
quel che canta così, quello son io.

CLORI
Tirsi, già so che il tuo costante amore
porta di fedeltade il maggior vanto;
ma alla mia fede accanto
forse è minore; ché dir non so qual sia
maggior la fede tua o pur la mia;
se parlò di tua fede e del tuo amore
l'usignoletto bello,
del mio amor, di mia fe' parla il ruscello.

4. Aria

CLORI
Specchiati in quel ruscello:
come scorrendo il prato
con labro innamorato,
perché non sa parlar, bacia la sponda.

Come vezzoso e bello
del mar in seno all'acque,
poi riede d'onde nacque
e la torna a baciar con l'istessa onda.

Metrical scheme. abbC / addC.

5. [Recitativo]

CLORI
Tirsi bell'idol mio,
quella sponda sei tu, l'onda son io.

TIRSI
From the fir and the old plantain tree
shadow already lengthens, and flocks
satiated from grazing the soft herbs
hasten back to ease their thirst
in the silvery freshness of the stream nearby;
and us, Chloris, my life,
in the pleasant shade
where grass and flowers compete together,
we rest and talk about love.

TIRSI
Listen to the nightingale
that, playing with you,
flies from the beech to the manna tree
and tells you with his song: "I am faithful."

Then flying off again
it alights from branch to branch
and says: "Oh, I love you so much,"
and happily flies back to its native nest.

TIRSI
You are my nest, my lovely Chloris,
it is me who sings thus.

CHLORIS
Tirsi, I know that your constant love
can claim faithfulness for being its greatest pride,
but compared with my loyalty
it is probably less; because I can't tell which is
greater—my loyalty or rather yours;
if the nice nightingale
talked about your loyalty and your love,
the stream talks about my love, my loyalty.

CHLORIS
Mirror yourself in that stream:
as flowing in the meadows
with adoring lips,
unable to speak, it kisses the bank.

As charming and nice
within the waters of the sea,
then goes back to its origin,
returning to kiss her with the same wave.

CHLORIS
Tirsi, my lovely idol,
you are that bank, I am the wave.

TIRSI

Con egual face amore,
come accese il tuo petto, arse il mio core;
quando nemica sorte, o fier destino
mi divide da te, non trovo pace.
Ogni leggiadra ninfa, ogni pastore
aborrisco, ma quando a te vicino
passo li giorni e l'ore, ogni momento
della presenza tua mi fa contento.

6. Aria

TIRSI

Quando nasce il sol dall'onde
Clizia amante
sempre a lui volge il sembiante,
sempre a lui rivolge il piè.

Ma se in essa si nasconde
tutta duolo
il bel viso china al suolo,
indi mesta così resta
finché il sol ritorna a sé.

Metrical scheme. Octosyllables, ab_4bc' / ad_4dec'.

7. [Recitativo]

CLORI

Quando da te lontana
in cupa valle o in ermo colle il gregge
guido soletta, allora innalzo l'occhio
al monte, o il volto al piano,
e se da lungi almen Tirsi non miro,
smanio, gelo, mi struggo, ardo e sospiro.

8. Aria

CLORI

Dal suo margine adorato
il ruscello abbandonato
preme l'erbe, calca i fiori,
né mai posa
finché in braccio non si vede
delle sponde che lasciò.

Così lungi dal ben mio,
vo scorrendo i boschi anch'io,
Tirsi chiamo perché l'amo,
né mai poso
se non fermo amante il piede
presso a chi m'innamorò.

Metrical scheme. Octosyllables, $aabx_4de'$ / $ffgx_4de'$

9. [Recitativo]

CLORI, TIRSI

Tirsi, bell'idol mio,
quella sponda sei tu, l'onda son io;
e pria ch'io lasci la mia cara sponda,
l'amoroso cor mio
si sciolga in pianto e si trasformi in rio.

TIRSI

With the same torch of love,
it kindled your breast as it burned my heart;
when hostile fate or bold destiny
separates me from you, I have no peace.
I loathe every graceful nymph,
every shepherd, but when close to you
I spend the days and hours, each moment
of your presence makes me happy.

TIRSI

When the sun rises from the sea,
loving Clizia
always turns her face to him,
always sets foot toward him.

But if she hides in her
suffering
she bends her head to the ground,
then sadly stays there
until the sun shines back again.

CHLORIS

When far from you
in a gloomy valley or on a lonely hill
I lead the flocks on my own, I raise my eyes
to the mountain or the plain,
and if I don't see Tirsi, at least from afar,
I yearn, I suffer, I pine away, I burn and sigh.

CHLORIS

The stream separated
from its adorable bank
tramples on grass and flowers
and never stops
until it is in the unseen arms
of the bank that it left.

Thus far from my love
I also cross the woods,
calling Tirsi because I love him,
never stopping
until my loving foot
is close to whom I love.

CHLORIS, TIRSI

Tirsi, my lovely idol,
you are that bank, I am the wave.
and before I leave my beloved bank
my loving heart
will dissolve in tears and transform itself into a stream.

Clori, bell'idol mio,
il mio sole sei tu, Clizia son io;
ma pria che il mio bel sol parta e sen vada
al suo natio confine,
questo serto di fior gli adorni il crine.

Chloris, my lovely idol,
you are my sun, I am Clizia;
but before sun sets and goes back
to its native land,
this garland of flowers should adorn her hair.

10. Aria [a 2]

CLORI, TIRSI
Questo pianto abbia il vanto
di quel cor che mi dà pena.
Quest'umore vien dal ciglio
a far cara la mia pena.

Questo fiore sia l'onore
di quel crin che m'incatena.
Di quel giglio al bel candore
la mia fronte è più serena.

Metrical scheme. Octosyllables, *abcb / dbdb.*

CHLORIS, TIRSI
These tears will be the pride
of the heart tormenting me.
This mood comes from the eyes,
making my grief lovable.

This flower will be the honor
of the hair that puts me in chains.
For the innocence of that lily
my thoughts are more serene.

Importuno Cupido (Tirsi, Clori)

2. Recitativo

TIRSI
Importuno Cupido
che vuoi, da me che brami?
mi lusinghi ad amar? amar non voglio;
ho il petto e 'l sen di scoglio
sciolto vive il mio cor da sue catene.
Ma (oh Dio) ecco l'infida,
ecco ch'io torno in pene
e a più fiero martir Amor mi guida.

TIRSI
Intruding Cupid,
what do you want, what do you crave from me?
You lure me to love? I don't want to love;
my heart is as hard as a rock
and lives free from the chains of love.
But (oh, god) here is the unfaithful one,
now I suffer again
and Love leads me to a greater torment.

3. Aria

CLORI
Son sì care sì gradite
le ferite
che mi fa soffrire Amor;

ché bramar io sempre vo,
sin che spirto in seno avrò,
nuove piaghe e nuovo ardor.

Metrical scheme. Octosyllables, aa_4b' / $c'c'b'$.

CHLORIS
So dear and welcome
are the wounds
that Love causes me;

because I will always crave for
new wounds and new ardor
until I have an intrepid temper.

4. [Recitativo]

TIRSI
Ah mio nume, mio bene
tanto è vago e gentile il tuo sembiante
che tutto lieto e amante
riede il mio cor ad offerirti in pegno
di costanza e di fe' gli affetti miei

CLORI
Meco se pur favelli
palesa ciò che brami e di' chi sei.

TIRSI
Oh my numen, my love,
your look is so fair and kind
that happily and tenderly
my heart offers you again
my love as a token of faith and constancy.

CHLORIS
If you talk with me,
reveal yourself and tell me who you are.

5. [Aria]

TIRSI

Amante non gradito,
fedel benché tradito, il sai son io;
chiede pietà, mercede,
la delusa mia fede al foco mio.

Metrical scheme.   aBcB.

6. [Recitativo]

CLORI

Troppo s'avanza, o folle, il tuo desire
né presumer tu[6] dei
ch'al pudico mio core
non sia delitto il favellar d'amore.

TIRSI

Cieli, per mia sventura,
come formaste, ahi lasso,
in un petto di neve un cor di sasso?

7. Aria

CLORI

Sì sì serbar vorrei
al cor la libertà.
Ma un crine, un labro, un ciglio,
d'un volto il bel vermiglio
quest'alma ferirà.

Metrical scheme.   ab'ccb'.

8. [Recitativo]

TIRSI

Miro la mia tiranna,
che priva di pietade, or mi condanna
a vivere morendo. E un sì mi tacque,
per rendermi infelice,
Tantalo sitibondo in mezzo all'acque.

9. Aria

TIRSI

Adorar sol per soffrire
il rigor d'una beltà,
è un dolor che fa languire
con dolcezza e crudeltà.

Metrical scheme.   Octosyllables, ab'ab'.

10. [Recitativo]

CLORI

Tirsi, che far degg'io
perché meno t'affanni il tuo dolore?

TIRSI

Brama un sol guardo il core
un sì da te, crudel idolo mio.

CLORI

Non mel permetton l'onestade dei[7] Numi.

TIRSI

Unwelcome lover,
you know I am lawful though betrayed,
to my love, my disappointed faith
asks for compassion and mercy.

CHLORIS

Your desire, O fool, claims too much,
and you should not presume
that it is not a crime
for my modest heart to speak about love.

TIRSI

Heavens, for my misfortune,
how did you create—oh, I'm exhausted—
in a breast of snow, a heart of rock?

CHLORIS

Yes, I would like to keep
my heart free.
But hair, mouth, eyes,
a nice and rosy face
will hurt this soul.

TIRSI

I admire my tyrant
who, without pity, condemns me
to live dying. And she held back a yes
to make me as unhappy
as thirsting Tantalus amidst the waters.

TIRSI

To adore in order to suffer
for the harshness of a beauty
is a grief that makes you languish
with sweetness and cruelty.

CHLORIS

Tirsi, what can I do
so that you suffer less?

TIRSI

My heart longs for a glance only,
a yes from you, my cruel idol.

CHLORIS

The gods' honesty doesn't allow me to.

TIRSI
Prima che il tuo rigor l'alma consumi,
ti movino a pietade i miei lamenti.

11. Aria

CLORI
Zeffiretto, che dolce spirando
allettava il bel corso dell'onde,
dall'umide sponde
ai piaceri del mar m'invitò.

Venni al mare, ma l'onda rubella
funesta procella
del mio core i naufragi svegliò.

Metrical scheme. Decasyllables, abb_6c' / dd_6c'.

12. [Recitativo]

CLORI
Non han gli amanti, no,
fede nelle promesse,
e non son altro alfine
che incostanza di mare:
i suoi sospir, i suoi cocenti ardori,
intenti sol a dar procelle al core.

13. Aria

TIRSI
Primavera che tutt'amorosa
vezzosetta rideva ne' fiori,
con lingua d'odori
ai riposi invitarmi s'udì.

Venni[8] al prato ma un angue crudele
tra l'erba infedele
stava ascoso, e 'l mio core ferì.

Metrical scheme. Decasyllables, abb_6c' / dd_6c'.

14. [Recitativo]

TIRSI
Tali sono sì sì
di donna lusinghiera
le consuete frodi:
portar con dolci modi,
diletto agli occhi e poi veleno ai cori;
e pur della mia Clori
i vezzi adoro ed idolatro il volto,
ed ho speme e timor in seno accolto.

15. Aria

CLORI
Finché l'ardore
non giunge al core,
la mia costanza
l'asconderà.

Se poi s'avanza,
farmi languire
per non morire,
lo scoprirà.

Metrical scheme. Pentasyllables, $aabc'$ / $bddc'$.

TIRSI
Before harshness consumes your soul,
let my laments move you to pity.

CHLORIS
Zephyr, who delighted the nice
course of the waves blowing gently,
from the moist banks
invited me to the pleasures of the sea.

I came to the sea, but the adverse wave
as a ruinous storm
woke up the shipwrecks of my heart.

CHLORIS
Lovers don't keep
faith in their promises
and are finally nothing
but the inconstancy of the sea:
his sighs, his burning ardors are
fit only for giving trouble to my heart.

TIRSI
Loving and charming springtime,
laughing with the flowers
with scents and colors,
invited me to rest.

I came to the meadow, but a cruel snake
hidden in the deceitful grass
wounded my heart.

TIRSI
These are, oh yes,
the typical deceits
of flattering women:
to bring with gentle manners
delight to your eyes, then poison to your heart;
but still of my Chloris
I adore her charm and idolize her aspect,
and I feel both hope and fear.

CHLORIS
Until ardor
does not reach the heart,
my constancy
will be disguised.

If then he comes forward
he will make me languish
so as not to die,
and he will discover it.

16. [Recitativo]

TIRSI
Tutta fe', tutta amor è l'alma mia
e allor che mi diceste . . .

CLORI
Taci! troppo moleste
mi son le tue follie.

TIRSI
Se de le pene mie pietà non hai . . .

CLORI
E quando mai ti lusingò la speme?

TIRSI
D'un cor che geme ascolta . . .

CLORI
Tel dissi un'altra volta: io non ti voglio.

TIRSI
Ahi, che cordoglio! – Almen dimmi ch'io mora
che fido morirò.

CLORI
Più resister non posso o questo no!

17. Aria a 2

TIRSI
Crudel, vuoi ch'io mora?
Rispondi . . .

CLORI
    no no.

TIRSI
Ch'io viva?

CLORI
    sì sì.

TIRSI
Ch'io speri?

CLORI
    non so.

TIRSI
Che dunque farò?

CLORI
Vivi e spera: t'amerò.

TIRSI
Ma poi care voci,
languir già mi sento:
ai dardi d'amor
resista chi può.

CLORI
Soave tormento!
languir già mi sento:
ai dardi d'amor
resista chi può.

TIRSI
My soul is all faith and love
and when you once told me—

CHLORIS
Be silent! Your lunacy is
too bothersome to me.

TIRSI
If you don't feel pity for my grief—

CHLORIS
And when did hope ever blandish you?

TIRSI
Of a suffering heart listen—

CHLORIS
I told you once: I don't desire you.

TIRSI
Oh, what mourning! At least tell me that if I die
I'll die faithful.

CHLORIS
I can't resist anymore, not to this!

TIRSI
Cruel one, you want me to die?
Answer—

CHLORIS
No, no.

TIRSI
To live?

CHLORIS
Yes, yes.

TIRSI
To hope?

CHLORIS
Maybe.

TIRSI
What shall I do?

CHLORIS
Live and hope I'll love you.

TIRSI
But then dear voices,
I already feel I languish:
he who is able
should resist darts of love.

CHLORIS
Soft torment!
I already feel I languish:
he who is able
should resist darts of love.

Metrical scheme. Unrhymed hexasyllables with a metric caesura at line 6 ($x_8{'}$).

Io che dal terzo ciel (Venere, Adone)

1. [Recitativo]

VENERE
Io che dal terzo ciel raggi di gioia
spargo sui cori amanti,
or da nubi di pianti
eclissato[9] ho nel seno
per un volto mortale il bel sereno.

VENUS
I, who from the third sky scatters
rays of joy on loving hearts,
now, from clouds of tears,
I eclipsed clearness in my breast
because of a human being.

2. Aria

VENERE
Come infiamma con luce serena[10]
sol celeste terrena beltà,
così un sol di bellezza terrena,
arde e infiamma celeste deità.

Metrical scheme. Decasyllables, *ab'ab'*.

VENUS
As a celestial sun glows
with the calm light of a worldly beauty,
so a sun of worldly beauty
burns and inflames a celestial goddess.

3. [Recitativo]

VENERE
Se già nacqui fra l'onde
per te nell'onde del mio pianto io moro.
Adone, mio tesoro,
ah, se di Cipro entro il devoto tempio
consecrasti al mio onor vittime e incensi,
su l'ara del mio core,
deh, consacrami, Adone, oggi il tuo amore.

VENUS
If I was born amidst the waters,
in the waters of my tears I'll die for you.
Adonis, my love,
oh, if in the devotional temple of Cyprus
you honored me, consecrating victims and incenses
on the altar of my heart,
alas, Adonis, consecrate to me your love.

4. Aria

ADONE
T'amerò come mortale
come dea t'adorerò;
al tuo seno, alle tue piante,
fido servo e vero amante,
di te, o Venere, sarò.

Metrical scheme. Octosyllables, *ab'ccb'*.

ADONIS
I will love you as a human being,
I will worship you as a goddess;
to your breast, to your steps,
I will be, Venus,
your lawful servant and true lover.

5. [Recitativo]

VENERE
Non m'adorar no no,
ché del ciel più non son nume immortale,
ma sotto spoglia vile e pastorale,
Adone, idolo mio,
per te la deità posi in oblio.

VENUS
Don't worship me, no no,
because I am no longer an immortal goddess,
but in humble and pastoral disguise,
Adonis, my love,
I left my divinity in oblivion.

6. Aria

VENERE
Tutto il bello in un sol bello
nel tuo volto unisce amor,
acciò provi in un contento
il contento d'ogni cor.

Metrical scheme. Octosyllables, *ab'cb'*.

VENUS
In your aspect love joins
all the beauties into one,
therefore you feel in one happiness
the happiness of every heart.

7. [Recitativo]

ADONE
È il mio volto mortale,
presso alla tua beltà,
come l'atomo vil ch'è bello ancora
quando con i suoi raggi il sol indora.

ADONIS
My human aspect,
compared with your beauty,
is like the humble atom that is beautiful
when the sun gilds it with its rays.

8. [Aria]

ADONE
Ove scherza il ruscel col ruscello
e s'intrecciano i rami coi rami,
così Amore con dolci legami
il mio sen col tuo sen stringerà.[11]

ADONIS
Where the stream plays with the stream
and branches intertwine with branches,
thus Cupid will tie with tender knots
my breast to your breast.

VENERE
Ove l'aura con l'aura respira
e s'abbracciano i rami coi rami,
fra contenti fra vezzi fra amori
il mio cor col tuo cor goderà.

VENUS
Where the breeze blows with the breeze
and branches embrace each other,
among joys, affections, and loves
my heart will enjoy your heart.

Metrical scheme. Decasyllables, *abbc' / dbec'*.

9. [Recitativo]

ADONE
Del ruscel dell'augello il canto e 'l suono,
è una voce gradita
ch'ai piaceri c'invita.

ADONIS
The stream's sound and the bird's song
are a pleasant voice
inviting us to pleasures.

VENERE
Ed il piano il boschetto il colle e 'l rio,
è un teatro di gioia al petto mio.

VENUS
And the plain, the woods, the hill, and the stream
are a theater of joy for my heart.

10. [Aria] a 2

VENERE, ADONE
La pastorella ove il boschetto ombreggia
mira che a pascer va le pecorelle
e per colmar col latte le fiscelle,
stringe le poppe alla sua cara greggia.

VENUS, ADONIS
In the grove's shade the shepherdess
goes to pasture her little sheep,
and to fill the cans with milk
she milks her dear flock.

Il villanello ove ch'il pian s'avvalla
pone in faccia del sole lo specchietto,
ed a quel raggio vola l'augelletto,
come a raggio mortal cieca farfalla.

Downhill the peasant
turns a hand-mirror to the sun
and the bird flies to that beam
as a blind butterfly to a mortal ray.

Metrical scheme. ABBA / CDDC.

11. [Recitativo]

VENERE
Qual farfalletta anch'io
già dal lucido incanto del tuo ciglio
a scender dalle stelle fui costretta;
ma da forza fatale or son astretta,
della spoglia mortal franger il velo
e su l'ali d'amor volare al cielo.

VENUS
As a butterfly, I too,
enchanted by your twinkling look,
was forced to descend from the stars,
but now I am compelled by the force of fate
to reveal the veil of my human disguise
and fly to heaven on the wings of love.

ADONE
Dunque partir vorrai
e lasciarmi potrai
in braccio del dolore?

ADONIS
So you want to depart
and you will leave me
with my grief?

####### VENERE
Non parto, Adone, no, se teco resta
nel disciolto tuo crine avvinto il core.

####### VENUS
I don't leave, Adonis, no, if my heart
stays here with you bound up with your flowing hair.

12. Aria

####### VENERE
Meco parte il mio dolore
teco resta il mio piacer;
ed a te pensando il core
solo in te potrò goder.

####### VENUS
I leave with my grief,
my pleasure stays with you;
and thinking of you, my heart
will be delighted only in you.

Metrical scheme. Octosyllables, *ab'ab'*.

13. [Recitativo]

####### VENERE
Ecco ti lascio, o caro,
men volo al cielo ad invidiare il suolo.

####### VENUS
Here I'm leaving, my love,
I'll fly to heaven to envy the earth.

####### ADONE
Ecco mi lasci, o cara,
resto nel suolo ad invidiare il cielo

####### ADONIS
Here you leave me, my love,
I'll stay on earth to envy heaven.

14. Aria

####### ADONE
Usignol che nel nido sospira,
se la madre dolente rimira,
girne lungi dal tenero sen,
col suo canto alla bella infelice
sai che dice?
«Deh, fra poco, ritorna mio ben».

####### ADONIS
The nightingale sighing in its nest,
if he looks at his sad mother
flying far from her tender child,
do you know what he says
with his song to the unhappy beauty?
"Alas, my love, please come back soon."

####### VENERE
Usignol che va lungi dal prato,
per cercare alimento bramato,
al suo figlio che mesto mirò,
col suo canto alla prole infelice
sai che dice?
«Sì, fra poco, mio ben, tornerò».

####### VENUS
The nightingale that, far from the meadow
in search of demanded food,
to her child that sadly looked at her,
do you know what she says
with her song to the unhappy child?
"Yes, my love, I'll be back soon."

####### ADONE
Così del duolo in sen
qual Filomena, o cara, anch'io dirò:
«deh, fra poco, ritorna mio ben».

####### ADONIS
So, from a heart suffering
as Philomena, I'll say, my dear:
"Alas, my love, please come back soon."

####### VENERE
Così del duolo in sen
qual Filomena, o caro, anch'io dirò:
«sì, fra poco, mio ben, tornerò».

####### VENUS
So, from a heart suffering
as Philomena, I'll say, my dear:
"Yes, my love, I'll be back soon."

Metrical scheme. Decasyllables, *aab'cc$_4$b' / dde'cc$_4$e' / b$_7$E'b' / b$_7$E'e'*.

Quel bel fonte (Filli, Sileno)

2. Aria [a 2]

####### FILLI
Quel bel fonte lusinghiero
va dicendo al mio pensiero:
«ama».

####### PHYLLIS
That flattering spring
goes on saying to my mind,
"Love."

####### SILENO
«Ama» dice ancora
quella rosa che l'aurora
fa più bella e più vezzosa,

####### SILENO
"Love," says also
the rose that sunrise
makes more beautiful and charming

FILLI, SILENO
e 'l mio cor amando va.

SILENO
«Ama» canta quell'augello
su quel tenero arboscello,

FILLI
«ama» replica l'acanto,
«ama ama l'amaranto».

FILLI, SILENO
Aman tutti ed amo anch'io,
e vo' dir all'idol mio
che il mio cor l'adorerà.

Metrical scheme.   Octosyllables, *aabbxx' / eeffggx'*.

3. [Recitativo]

SILENO
Sì sì, Fillide cara,
t'amo e del dolce amore
ferve così l'ardente fiamma in seno,
che se te non rimiro io vengo meno,
che se lungi sei tu, languisce il core.
T'amo, ma pur, oh Dio,
tu non senti o non curi il fuoco mio.

4. Aria

SILENO
Della fiamma che m'infiamma,
dell'ardor – ch'accende il cor,
tu non senti, oh Dio, pietà.

Il mio petto tutto affetto,
il mio seno – che vien meno,
pur da te ristor non ha.

Metrical scheme.   Octosyllables, *ab'c' / dec'*.

5. Recitativo

FILLI
Troppo fuor di ragione
così parli, o Sileno,
troppo troppo m'offendi
se lagnarti pretendi:
che non avvampi il seno
per te, dolce mio ben, di puro ardore,
che non arda per te l'acceso core;
chiedi, deh chiedi, pur dell'amor mio
al bosco al prato al rio,
chiedilo a quelle piante
e ti diranno ben
che vive di Silen Fillide amante.

6. [Aria]

FILLI
Se dimandi a quel ruscello
ti dirà che Filli t'ama;
se poi torni al praticello
saprai pur che il cor te brama.

Metrical scheme.   Octosyllables, *abab*.

PHYLLIS, SILENO
so my heart will love.

SILENO
"Love," sings the bird
on that soft bush,

PHYLLIS
"Love," answers the acanthus,
"Love, love the amaranthus."

PHYLLIS, SILENO
Everybody loves, so I'll love too,
and I will say to my idol
that my heart will worship him/her.

SILENO
Yes, dear Phyllis,
I love you, and the ardent flame
of my tender love burns so much in my heart
that if I don't see you, I'll faint;
if you are far away, my heart will languish.
I love you, but you, for God's sake,
you don't listen or don't care for my ardor.

SILENO
For the flame that burns me,
for the ardor that kindles my heart,
for God's sake, you don't feel pity.

My affectionate heart,
my bosom feeling faint
still does not receive comfort from you.

PHYLLIS
Out of your mind
so you speak, Sileno,
you offend me too much
if you expect to complain
that my bosom does not burn
of true ardor, my sweet love, for you,
that my inflamed heart does not flare up for you;
ask, alas, ask about my love
to the woods, the grassland, the stream,
ask those plants
and they'll tell you
that Phyllis lives loving Sileno.

PHYLLIS
If you ask the stream
it will tell you that Phyllis loves you;
if you go back to the grassland
you will know that my heart longs for you.

7. [Recitativo]

SILENO
No no, Fillide, il core
sol a te lo dimanda, a te lo chiede.

FILLI
Sallo il ciel che 'l cor vede
s'egli ti serba amore, amor e fede.

SILENO
Oh Dio!
Crederti pur vorrei,
ma non so chi s'oppone a' voti miei:
sento nell'alma – un'aura dispettosa,
che d'ogni mio piacer turba la calma
e con doppio tormento:
«amami» dice «e spera
spera, ma temi poi del tradimento».

8. Aria

SILENO
Spera e teme in un istante
l'alma afflitta nel mio sen;
e confuso il cor amante,
or gioisce ed or vien men.

Metrical scheme. Octosyllables, *ab'ab'*.

9. Recitativo

FILLI
Ah mio dolce Sileno,
aprimi pur il sen, mira nel petto
scritto a cifre d'amor tutt'il mio affetto;
leggi, deh, leggi e credi,
e pria che il pensier mio
legge cambiar tu vedi,
correrà sangue il rio,
sarà stabile l'onda, immoto il vento,
e sconvolto vedrassi ogni elemento.

10. Aria

FILLI
Vedrai nella campagna
fuggir dalla compagna
la fida tortorella.

Vedrai con nodo infido
unirsi in un sol nido
il tigre con l'agnella.

Metrical scheme. *aab / ccb*.

11. [Recitativo]

FILLI
Ma se ciò non ti basta
Filli morir vedrai
e dalla tomba poi
ella ancor ti dirà: «Silen, t'amai».

SILENO
No, Phyllis, my heart
demands it of you, asks only you.

PHYLLIS
Heaven knows that the heart can see
if one feels love, love and faith, for you.

SILENO
For God's sake!
I would like to believe you
but I don't know who is opposed to my wishes:
I feel in my heart a spiteful feeling
that disturbs the peace of all my delights
and with double torment says,
"Love me and hope,
hope but then fear betrayal."

SILENO
My sad soul in my heart
hopes and fears in a single moment;
and the loving heart, confused,
one moment rejoices, the next it worries.

PHYLLIS
Oh, my sweet Sileno,
open my bosom, look into my heart
written with letters of love all my affection;
read, read and trust me,
and before you see
my feelings change,
streams will bleed,
waves will stand still, winds will stop blowing,
and you will see all the elements disrupted.

PHYLLIS
You will see in the countryside
the loyal turtle dove
run away from its partner.

You will see in a deceitful bond
together in a den
a tiger with a lamb.

PHYLLIS
But if this is not enough
you will see Phyllis die
and form her grave;
she will then say: "Silen, I loved you."

SILENO
Ah Fillide, io ti credo
ma pur non vedo
che tu m'ami a bastanza.

FILLI
Come! che dir vorrai?

SILENO
Altro ristor non dai che di speranza.

FILLI
Questa conduce al fin de' nostri affetti,
la navicella al desiato porto,
e tanto dolce più, tanto più grato
alfin rende il piacere,
quanto per lungo tempo ei fu bramato.

SILENO
Dunque che far dovrò?

12. Aria [a 2]

FILLI
Amami, caro, e spera
mercede al fido cor;
alfin dolce riposo
devesi al tuo dolor.

SILENO
Bella t'adoro, e spera
pace l'afflitto cor;
un giorno alfin pietoso
devesi al mio dolor.

Metrical scheme. ab'cb'.

SILENO
Oh, Phyllis, I believe you
but still I don't see
you love me enough.

PHYLLIS
What! What do you mean?

SILENO
You offer me but hope.

PHYLLIS
It leads us to aim for our love—
the boat finally to the harbor—
and pleasure will finally be
ever so sweeter, ever so grateful
the longer you yearned for it.

SILENO
So what should I do?

PHYLLIS
Love me, my dear, and hope
mercy for your loyal heart;
finally sweet rest
is due to your grief.

SILENO
Beauty, I adore you,
and my sad heart hopes for peace;
finally a compassionate day
is due to my grief.

Qui di natura a scorno (Clori, Daliso)

1. [Recitativo]

CLORI
Qui di natura a scorno
ove scherzan ognor l'aure serene,
empio Daliso, mi dicesti un giorno:
«Dolce Clori, idol caro, amato bene».
Quivi fra queste piante
disse ancor dal suo sen
l'anima amante al pastorel Daliso:
«Giura Clori sua fede
e non altro da lui ch'amor richiede».
E tu qui, pur crudele,
al costante amor mio fosti infedele.

2. Aria

CLORI
Questi è 'l bosco il monte il prato,
che ti udiro, o dispietato,
darmi fe', giurarmi amor.

Questi ancora è 'l fonte è 'l rio,
che pietosi al dolor mio,
ti dichiaran traditor.

Metrical scheme. Octosyllables, *aab' / ccb'*.

CHLORIS
Here, making fun of nature
where the clear breeze plays all the time,
wicked Daliso, you once told me,
"Sweet Chloris, dear idol, beloved darling."
Here amidst these plants,
still from her heart
the loving soul told the shepherd Daliso,
"Chloris swears her allegiance
and asks for nothing but love."
And here you, cruel one,
you were unfaithful to my constant love.

CHLORIS
These are the woods, the mountain, the grassland
that listened to you, pitiless,
promising me faith, swearing love to me.

And these are the spring, the stream
that, feeling pity for my pain,
declared you a traitor.

3. [Recitativo]

DALISO
Clori, mia bella Clori, ah chiedi a queste
solitarie foreste, – amiche piante,
chiedi se t'ingannò l'anima amante;
e ti diran che un giorno
Filli mi disse: «Io t'amo»,
ma ti diranno ancor ch'io le risposi:
«Altra che Clori mia, no, che non bramo».
Se ciò ti sembra offesa,
al mio cor lo palesa, – ed indi aspetta
che faccia egli di sé la sua vendetta.

DALISO
Chloris, my beautiful Chloris, ask these
lonely woods, friendly plants,
ask them if your loving soul was wrong;
and they will tell you that once
Phyllis said to me, "I love you,"
but they will also tell you that I answered,
"No, I desire no one but Chloris."
If this seems to you an offence,
reveal it to my heart, but then you must expect
that it will take revenge for itself.

4. Aria

DALISO
Non mi chiamar infido,
non dirmi traditor,
ché l'innocente cor nol può soffrire.

Prima dal petto fido
toglimi l'alma amante,
ché saprò più costante allor morire.

Metrical scheme. ab'C / adC.

DALISO
Don't call me unfaithful,
don't say I am a traitor
because the innocent heart cannot stand it.

First take away the loving soul
from my faithful bosom
so that I can die then more resolute.

5. [Recitativo]

CLORI
Eh, troppo ingrato, troppo
tue fallaci lusinghe un tempo udii.

DALISO
Clori, sanno del ciel i sommi Dii,
se mai dentro al mio core
diede l'alma ricetto a un nuovo amore.

CLORI
Come non sono io quella
che su la sponda dell'ondoso rio,
te con Filli la bella
vidi giacer? Non le dicesti allora:
«Filli, dolce idol mio, tu quella sei» —
ah, cruda rimembranza
de' tuoi spergiuri e degli affronti miei —
«tu, quella sei che sol Daliso adora»?
Allor Clori t'intese,
ma perché ancor ti amava,
gli sdegni del suo cor tacque e sospese.

CHLORIS
Oh, too ungrateful, too
deceptive, I once listened to your illusions.

DALISO
Chloris, the chief gods of heaven know
if my soul ever welcomed
a new love into my heart.

CHLORIS
Wasn't it me who,
on the bank of the wavy stream,
saw you lying
with the beautiful Phyllis? Didn't you then tell her:
"Phyllis, my sweet idol, you are,"—
oh, bitter remembrance
of your insults and my offence—
"you are the only one that Daliso adores"?
Chloris heard then
but, because she still loved you,
kept quiet and put off her heart's indignation.

6. Aria

CLORI
Dirti volea crudele,
ma l'aspre mie querele
trattenne amor in sen.

Solo con un sospiro
«al grave mio martiro,
pensa» ti dissi «almen».

Metrical scheme. aab' / ccb'.

CHLORIS
I wanted to call you cruel
but my love held back
my bitter laments.

With a sigh only
I told you, "At least think
of my grievous torment."

7. [Recitativo]

DALISO
Ah Clori t'ingannasti,
altri che il tuo Daliso
forse, chiedea da quella
ritrosa pastorella – amore e fede.

CLORI
No, che inganno non v'è se l'occhio il vede.

DALISO
Ah, mi fulmini il ciel, m'ingoi la terra.
Del lubrico pendio,
nuovo Ission anch'io m'aggiri al sasso,
stanco anelante e lasso,
fugga il cibo da me, l'onda s'arretri,
fatto immortale il cor s'esponga al rostro
d'avvoltoio rapace,
non provi più il mio seno ombra di pace,
Clori, se ti mancai,
s'altri che te, dolce mio bene, amai.

8. [Aria]

DALISO
Se ti mancai mio bene,
dammi pur quelle pene
che merta un'alma infida.

Dimmi se vuoi ch'io mora,
ché la mia destra allora
farò che in mezzo al sen il cor mi uccida.

Metrical scheme.   aab / ccB.

9. [Recitativo]

CLORI
Non più, non più Daliso, ah dolce nome,
deh, mira come Clori
di te crede agli accenti.
Lieta t'assolvo e delle andate cose
la memoria crudel non si rammenti.

DALISO
No, no Clori, non torni
di geloso pensier l'orrida face
a turbar il piacer de' nostri giorni.
Godiam di lieta pace ore serene.

CLORI, DALISO
Sì sì, godiam così, dolce mio bene.

10. [Aria a 2]

CLORI, DALISO
Già riede nel petto
la gioia e 'l diletto
e 'l fiero tormento
lontano sen va.

Va lungi dal core
l'affanno e 'l dolore,
e un dolce contento
ritorno vi fa.

Metrical scheme.   Hexasyllables, aabc' / ddbc'.

DALISO
Oh Chloris, you were wrong,
someone other than your Daliso,
maybe, was asking for love and loyalty
from that bashful shepherdess.

CHLORIS
No, there's no deception if eyes see it.

DALISO
Let heaven strike me, the earth swallow me.
From the slippery slope
as a new Ixion let me wander about the rocks
tired, panting, and exhausted,
let food flee from me, waves withdraw,
let my everlasting heart be exposed to the beak
of a rapacious vulture,
let my bosom have no peace,
Chloris, if I was disrespectful,
if I loved others, my sweet love, but you.

DALISO
If I was disrespectful,
inflict on me the punishment
that an unfaithful soul deserves.

Tell me if you want me to die,
if so my right hand
will kill my heart.

CHLORIS
No more, no more Daliso, oh sweet name,
alas, look how Chloris
believes your words.
Happy I forgive you, and cruel memory
should forget past events.

DALISO
No, Chloris, don't let the horrible flame
of jealous thoughts come back
to disturb the pleasure of our days.
Let us enjoy placid hours of a cheerful peace.

CHLORIS, DALISO
Yes, let us enjoy it, my sweet love.

CHLORIS, DALISO
Joy and delight
come back again into the bosom
and proud torment
goes far away.

Troubles and grief
go away from the heart
and a tender happiness
is back again.

Notes

1. For a survey of textual editorial methods that are appropriate for seventeenth- and eighteenth-century texts, see Claudio Vela, *Tre studi sulla poesia per musica* (Pavia: Aurora, 1984); *I libretti italiani di Georg Friedrich Händel e le loro fonti*, ed. Lorenzo Bianconi and Giuseppina La Face (Florence: Olschki, 1992); Giuseppina La Face Bianconi, "Filologia dei testi poetici nella musica vocale italiana," *Acta Musicologica* 66 (1994): 1–21; *Libretti d'opera italiani: Dal seicento al novecento*, ed. Giovanna Gronda and Paolo Fabbri (Milan: Mondadori, 1997); *L'edizione critica tra testo musicale e testo letterario: Atti del Convengo internationale (Cremona, 4–8 Ottobre 1992)*, ed. Renato Borghi and Pietro Zappalà (Lucca: LIM, 1995); and *Problemi e metodi della filologia musicale. Tre tavole rotonde*, ed. Stefano Campagnolo (Lucca: LIM, 2000).
2. Spelled "fuore."
3. Spelled "scolgo."
4. Spelled "ch"; original punctuation is exclamation mark.
5. Spelled "pario."
6. Spelled "ti."
7. Spelled "dai."
8. Spelled "Veni."
9. Spelled "ecclissato."
10. Spelled "serene."
11. Spelled "smingerà."

Alto Cantatas

Destati, Lidia mia

1. Aria

- lo e 'l fo- rie- ro del sol fu- - ga le stel- le.

Già vo- la l'au-gel- lin di pian-ta in pian- ta e

Fine

chia- ma-no il pa-stor le pe- co-rel- le, già vo- la l'au-gel- lin di pianta in pianta e chiamano il pastor le pecorelle, le pecorelle, le pecorelle.

Da capo

2. Recitativo

Destati, Lidia, che se tardi, Niso con la diletta sua superba Clori, giungerà pria di noi a pascolar le tenere agnelline su quel- l'a- me- no col- le, che spi- ra da lon- tan so- a- vi o- do- ri dal- le sue mol- li er-bet- te e fre-schi fio- ri. E quan-do il so- le poi tra-mon ta e ca- de, al- lor ti la-gne-ra- i ché an- co- ra il greg- ge tuo sa- zio non ha- i; e stra-no ti par- rà se in tut-to il pra- to un li--gu- stro non tro- vi, o un gi-glio al- me- no, per far-ne un pa- ra- go- ne al tuo bel se- no.

3. Aria

Violin 1, 2

Alto

Basso continuo

Lidia, il sonno sai cos'è, cos'è? È un'imagin di quel Fato che distrugge, che distrugge ogni beltà, ogni beltà. Lidia, il sonno sai cos'è, cos'è? È un'imagin di quel Fato che di-

-strug- ge, che di- strug- ge o- gni bel- tà. È u- n'i- ma- gin di quel

Fa- - - - -

-to, di quel Fa- to che di- strug- ge, che di- strug- ge o- gni bel-

Vn. 1

Vn. 2

A
-tà, o- gni bel-

B.c.

-tà.

Adagio

Nel- la
Fine

pa- ce più gra- di- ta tra le piu- me to- glie i sen- si e to- glie il lu- me, e sol lascia un picciol fiato quanto basta a respirar.

Presto

E non toglie ancor la vita; sai perché, Perché? Perché toglierla non sa, _____ no, no, non sa, _____ no, no, non sa.

Da capo

Ecco che alfin ritorno

1. Recitativo

Ecco che al fin ritorno ai vostri orrori, o solitarie selve; ecco, che già disciolta dal duro laccio in cui facea soggiorno l'anima innamorata, cercar vuol fra le belve s'almen pietade ai loro cuor sia data; già che da allor che il cuore vinto da un guardo, idolatrò un bel volto, tutto in lui ritrovò fuori ch'Amore.

2. Aria

La pietà che ancor non trova in amar beltà crudele selve amiche, ombrose piante, sol da voi sperai il mio cor, sol da

voi, sol da voi spe- ra il mio cor,

il mio cor, sol da voi spe- ra, la___ pie- tà che an- cor non

tro- va in a- mar bel- tà___ cru- de- le sel- ve a-

-mi- che om- bro- se pian- te, la pie- tà,___

la pie- tà,_____ sol da voi,___ sol da voi spe-ra il mio cor.

Ec- co già ch'in voi ri-

Fine

-no- va l'a- spre sue giu- ste que- re- le, l'a- spre sue giu- ste que-

-re- le, in voi fer-ma il piè co- stan-

-te e già fug- ge il Dio d'a- mor, e già fug- ge, fug- ge, fug- ge il Dio d'a- mor.

Da capo

3. [Recitativo]

Alto: Ma in tan- to, o in- gra- ta I- re- ne, la- scia che, con- tro te, pa- stor fe- de- le, i rim- pro- ve- ri_io vol- ga_in que- sti_or- ro- ri, or che l'a- spre ca- te- ne dal pie', dal cuor_e io sciol- go, e_a men cru- de- le in- no- cen- te bel- tà do- no gli_a- mo- ri. Ma, o

Cie- li, o no- me, ahi- mé che col pen- sie- re ch'a lei sen vo- la, e poi ri- tor- na al co- re, al cuor non an- cor scio- to tor- na la ri- mem- bran- za del di- vi- no suo vol- to, che con fin- to pia- ce- re mi riac- cen- de nel sen l'an- ti- co ar- do- re; on- de già na- sce in me nuo- va spe- ran- za, ben- ché cru- del, d'im- pie- to- sir- la un gior- no. Ad- dio or- ro- ri, ad- di- o bel- ve, vi la- scio, a- mi- che sel- ve, vi la- scio, a- mi- che sel- ve, e a voi ri- tor- no.

4. Aria

19

poi riede, ma poi riede in grem-bo al mar,_____ in grem-bo al mar.

Il noc- chier nel- la_____ pro-

-cel- la per sal- var la na- vi- cel- la cor- re al

li- do, ma_____ poi rie- de, ma poi rie- de in grem-bo al mar._____

Il nocchier nella procella per salvar la navicella corre al lido, ma poi riede, ma poi riede in grembo al mar, in grembo al mar, ma poi riede in grembo al mar.

70
75
Largo
Vn. 1
Vn. 2
A
B.c.
Co- sì in mez- zo a tan- to ar- do- re per ser- bar- si il- le- so il co- re ben- ché
Fine
80
fug- ga un vol- to in- fi- do pur lo tor- na a ri- a- mar, pur lo
84
tor- na a ri- a- mar, un vol- to in- fi- do ben- ché fug- ga pur lo tor- na a ri- a- mar.
Da capo

Il mio sol quando partì

1. [Aria]

Allegro

Il — mio sol quan- do — par- tì d'a- tre nu- bi il ciel co- prì, poi se- re- no a me tor- nò.

Il mio sol quan-do par- tì d'a- tre nu- bi

il ciel co- prì, poi se- re- no a me tor- nò,

poi se- re- no a me tor- nò, poi se- re-

24

no a me tornò.

Pian- si al- lor, ma in vi- ci- nan- za

Fine

del ri- tor- no la spe- ran- za il mio co- re

se- re- nò, ma in vi- ci- nan- za del ritor- no

la spe- ran- za il mio co- re se- re- nò.

Da capo

2. Recitativo

Al- la tor- bi- da au- ro- ra da cui vi- di ra- pir- mi il ca- ro be- ne, to- sto suc- ces- se u- na gio- con- da se- ra che mi tol- se da pe- ne; e pur lo mi- ro, e non lo cre- do an- co- ra quel mio dol- ce te- so- ro a cui vi- cin lan- gui- sco, e lun- gi io mo- ro.

3. Aria

pa- ce che in a- mor mai non si dà, mai di go- der mai quel- la pa- - ce che in a- mor mai non si dà, no, no, no, mai, mai, no, no, mai non si dà.

Ritornello

Vn. 1, 2

B.c.

Fine

A: Pur con- ten- to il mio pen- sie- ro del suo duo- lo si com-

B.c.

-pia- ce né più brama li- ber- tà. Pur con- ten- to il mio pen-sie- ro del suo duo- lo si com- pia- ce né più bra- ma, né più bra- ma li- ber- tà.

Da capo

4. Recitativo

Alto

E pa-ce e li- ber- tà, Clo- ri a-do- ra- ta, son le vit- ti- me of- fer- te al tuo bel vi- so. Tu le ri- ce- vi, e gra- ta fa che il tuo cor, dal mio giam- mai di- vi- so, re- go- li an-co- ra il pie- de, e sem- pre a me ti gui- di A- mo- re e Fe- de.

5. [Aria]

Presto e piano

A- mor e Fe' ti gui- di per val- li mon- ti e li- di pur- ché tu sia con me;

A- mo-

-re e Fe' ti guidi per valli monti e lidi purché tu sia con me, per valli per monti, per lidi purché tu sia con me, con me, con me, con me, ti guidi Amor e Fe' per val- li, per mon- ti e li- di, ti gui- di A- mor e Fe' con me, pur- ché tu sia con me, con me, con me;

ché trop-po rio tor-men-to an - che per un mo--men- to di- re il mio ben do- v'è, do- v'è, do- v'è, per un mo- men- to di- re il mio ben___ do- v'è, ché trop- po rio tor- men- to an- che per un mo- men- to di- re il mio ben do- v'è, do- v'è, do- v'è, di- re il mio ben do- v'è, do- v'è, do- v'è.

Da capo

Soprano and Alto Cantatas

Dimmi, gentil Daliso

Dori, Daliso

1. Sinfonia

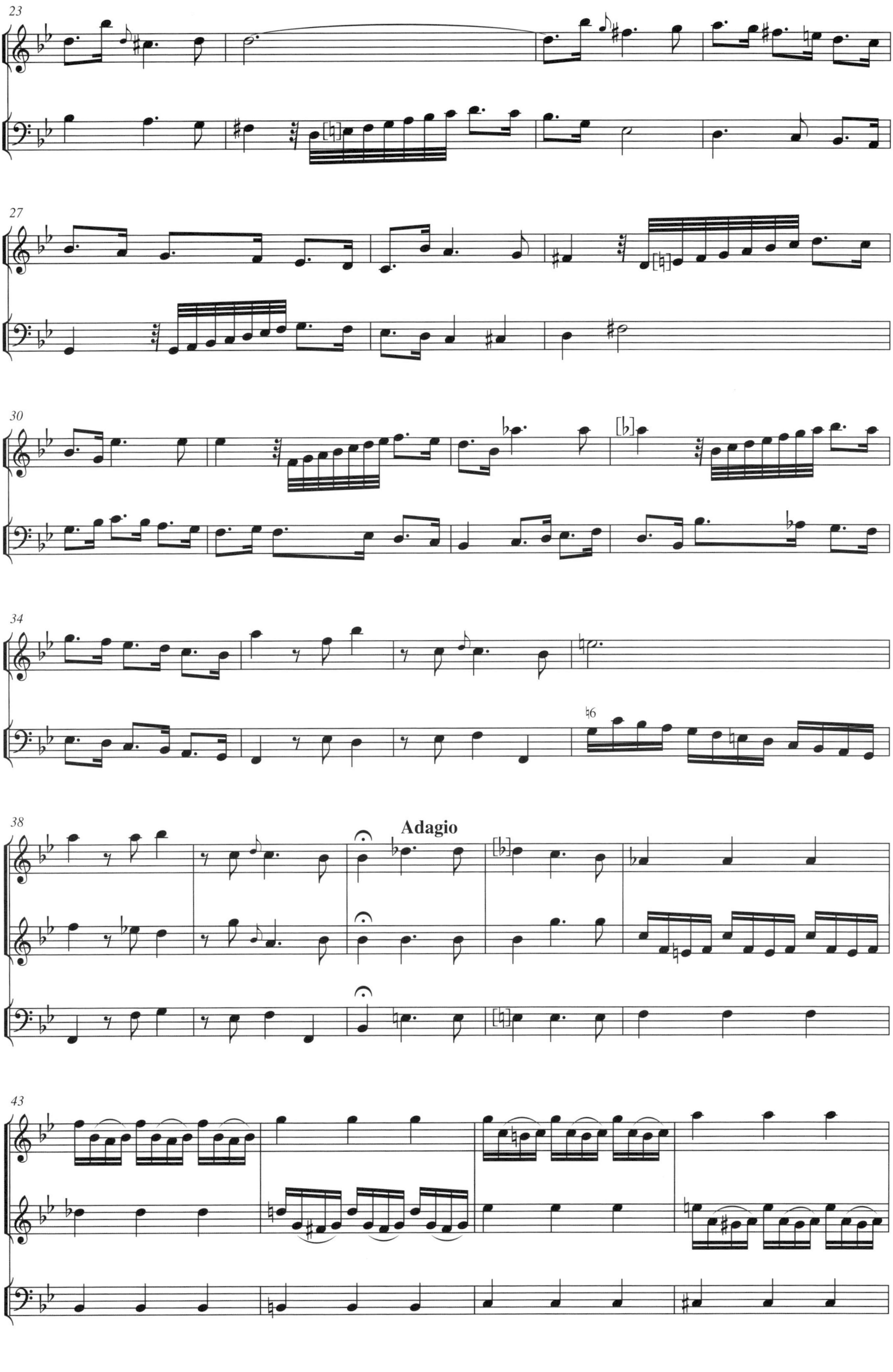
23
27
30
34
38
Adagio
Vn. 1
Vn. 2
B.c.
43

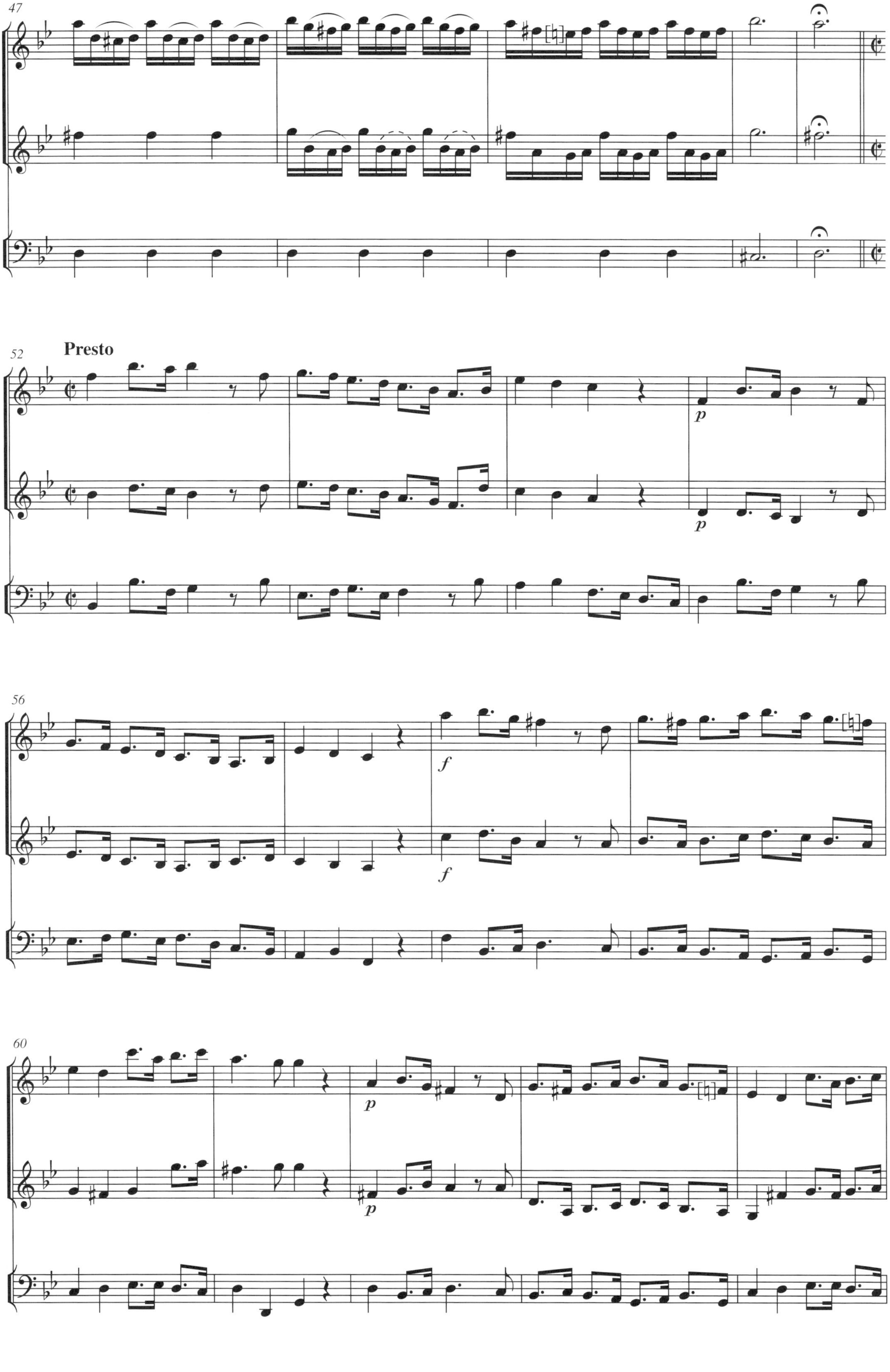
47
52
Presto
p
p
56
f
f
60
p
p

2. [Recitativo]

DORI: Dimmi, gentil Daliso, e non celarmi il vero: ai diletti d'amore volgesti ancora il giovanil pensiero? **DALISO**: Fuggite sempre, o pastorella Dori, ho d'amor le catene. **DORI**: Ma perché? **DALISO**: Perché temo le sue pene.

3. Aria

41

Ancor, Daliso mio, non so che cos'è amor, ma non fuggo i lacci suoi perch'io tema di penar, di penar, ma non fuggo i lacci suoi perch'io tema di penar.

Fine

Degno oggetto del suo affetto sol desia l'alma mia, perché certa avrebbe

4. [Recitativo]

DALISO: Quant'è saggio colui (mi dice il vecchio Ireno) che da' perigli al-

-tru- i trag-ge nor-ma a sua vi- ta. Veg-gio tut- ti gli a- man- ti o me-sti o di-spe- ra- ti per le nin- fe in- co-stan- ti. Al- tri get- ta so- spi- ri su la tra- di- ta sua dol- ce spe- ran- za, al- tri sfo- ga i mar- ti- ri per non ser- ba- ta fe- de, e di tut- to è ca- gion l'em- pia in- co- stan- za.

5. [Aria]

Allegro

Violin 1, 2

Daliso: No, no, no che non vo- glio a- mar, no, no che non vo- glio a- mar,

Basso continuo

no, no, no che non voglio a-mar, non voglio a-mar, non voglio a-mar per non penar ch'in sen d'un infedele v'è troppa crudeltà.

45

No, no che non voglio amar, no, no, no, no non voglio amar per non penar ch'in sen d'un infedele v'è troppa crudeltà, in sen d'un infedele v'è troppa, troppa cru- del- tà. No, no, no non voglio a- mar per non pe- nar ch'in sen d'un

in- fe- de- le, in- fe- de- le, in- fe- de- le v'è trop- pa, trop- pa, trop- pa cru- del-

Vn. 1, 2

Dal.
-tà.

B.c.

Chi fu pietosa un dì, ma poi, ma poi tradì, quant'era men crudele, quant'era men crudele se non avea pie-

-tà, pie- tà, se non a- vea pie- tà, quan- t'e- ra men cru- de- le se non a- vea pie- tà, pie- tà, pie- tà, _____ se non a- vea pie- tà.

Dal segno al Fine

6. [Recitativo]

DORI
Sem- pli- ce ed i- ne- sper- to, trop- po cre- di a un er- ro- re... ed

DALISO
er- ran tan- ti e tan- ti a- man- ti pa- sto- rel- li? mi spia- ce che Da- li- so

DORI

Basso continuo

er- ra con quel- li. Ma dim- mi... No, ri- spon- di: or a que- sta ca- pan- na, ed or a quel- la, al bo- sco, al fon- te, al pra- to, sen- za a- ver te- ma de- gli al- trui ri- go- ri van- no le nin- fe? E van- no an- che i pa- sto- ri. Sof- frir un fol- to stuo- lo d'u- mi- li a- do- ra- to- ri, un del- l'al- tro ne- mi- ci, con- vien far a' pa- sto- ri o a pa- sto- rel- le? a chi? ri- spon- di. A quel- le. Or dim- mi: e qual a- man- te ve- de- sti an- cor ch'a tut- te le ca- pan- ne del- le nin- fe vez- zo- se non vol- ga sem- pre il pie- de? Dim- mi: e qual mai si vede stuol di ninfe far prieghi ad un pastore? anzi qual ninfa sola benché tutto nel seno abbia il foco d'amore? Dimmi: qual pastorello, non se più ninfe no, ma se una sola supplice si vedesse, qual mai resisterebbe ai primi accenti? E noi siamo incostanti sprezzando ognor sì numerosi amanti.

7. [Aria]

Dori

È cosa da tiranno mancar di fedeltà,

Basso continuo

è cosa da tiranno mancar di fedeltà, poi

da- re a chi non l'ha la col- pa del- l'er- ror, la col- pa del- l'er- ror.

È

co- sa da ti- ran- no man- car di fe- del- tà, poi da- re a chi non l'ha la

col- pa del- l'er- ror, la col- pa del- l'er- ror, poi da- re a chi non l'ha la col-

- pa del- l'er- ror.

Fine

A- man- do que- st'in- gan- no al-

-lor co-no-sce-ra- i, e pur al- lor sa-ra- i in- fi- do e in-gan-na- tor, in-

-fi- do, in- fi- do, in- fi- do e in-gan-na- tor, e pur al- lor sa- rai in-

-fi- do, in- fi- do, in- fi- do e in- gan- na- tor, in- gan- na- tor.

Ritornello

Vn. 1

Vn. 2

B.c.

[Da capo al Fine]
[poi Ritornello]

8. [Recitativo]

DALISO
Come esperta maestra, tu ragioni d'amore;
e di sua fiamma non avesti ancora i tuoi pensieri accesi?

DORI
A farmi specchio dell'altrui periglio, Daliso, anch'io dal vecchio Ireno appresi.

DALISO
Ma il vago pastorello Silvio, che va superbo perché sa d'esser bello non prese ancor sovra di te l'impero? E il possente sincero, che conta tanti armenti pasco-

-lar nel suo fertile terreno, fiamma d'amor con sue ricchezze ancora non portò nel tuo seno? Quanto s'inganna quello che perché ha volto bello ne crede di ferir con un sol guardo.

DORI

Noi sole pastorelle destar vogliamo amor per esser belle. S'inganna pur chi crede da saggia e nobil ninfa comprar dolce mercede, perch'elle ad ogni parte della bellezza che risplende in loro pensan che non può darsi egual tesoro.

9. Aria

Pen- sa il mio co- re spo- glia- to dal ti- mo- re cer- car in fra le bel- le a- mor, a- mor co- stan- za e fe'.

Pen- sa il mio co- re spo- glia- to dal ti- mo- re cer- car in fra le bel- le a- mor, a- mor co- stan- za e fe', a- mor co- -stan- - - - za, a- mor co- stan- za e

57

fe';

ma,

Fine

ma per-ché tar- do por- ta-re al- tro- ve il guar- do, se spe-ro in-van fra quel- le quel che non tro- vo in te, no, no, no, no, non tro- vo in te, se

spe- ro in-van fra quel- le quel che non tro- vo in te, no, no, no, quel

che non tro- vo in te?

Da capo

10. [Recitativo]

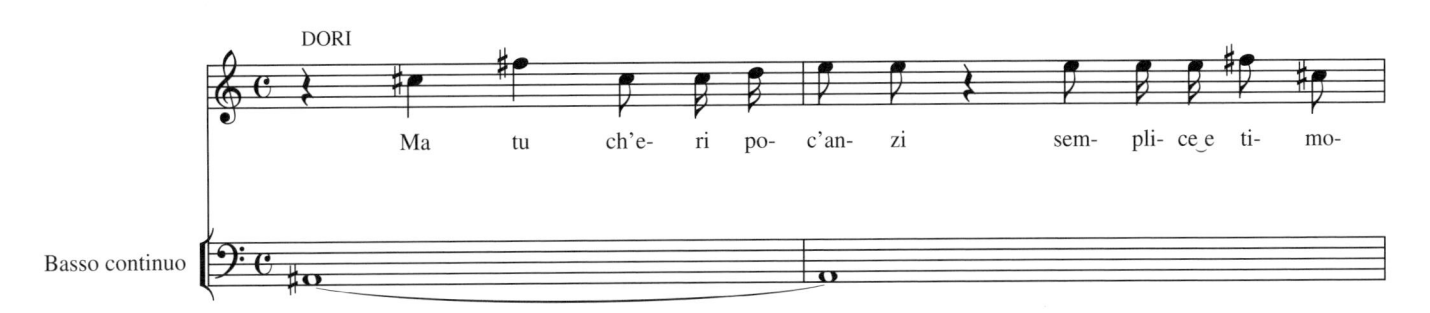

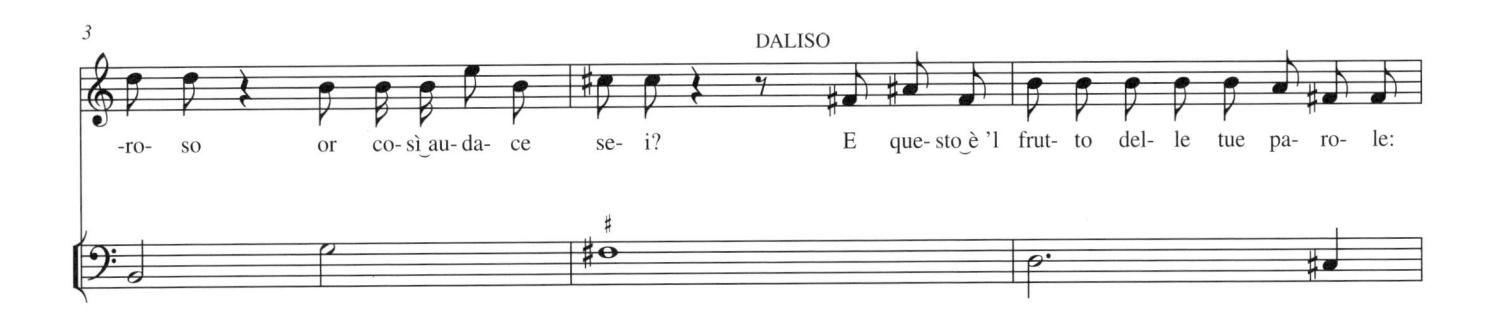

DORI
Ma tu ch'e- ri po- c'an- zi sem- pli- ce e ti- mo- ro- so or co- sì au- da- ce se- i?

DALISO
E que- sto è 'l frut- to del- le tue pa- ro- le: for- se Do- ri non vuo- le a- mar Da- li- so or che l'ha fat- to a- man- te?

DORI
Ma non un so- lo i- stan- te ba- sta a far pro- va del- l'al- trui co- stan- za; spe- ra, Da- li- so, spe- ra: un co- re a- man- te si co- no- sce fe- del nel- la spe- ran- za.

11. Aria [a 2]

-stan- te non sia sen- za mer- cé, non sia sen- za mer- cé la tua spe- ran-

- - - - za.

Dor: Se sai spe- rar, se

Dal: Sa- prò spe- rar, sa-

41
sai spe- rar co- stan- te non sia sen- za mer- cé, se sai spe-
-prò spe- rar co- stan- te ma vo- glio la mer- cé, sa- prò spe-
48
-rar, se sai spe- rar co- stan- te non sia sen- za mer- cé, non sia sen- za mer-
-rar, sa- prò spe- rar co- stan- te ma vo- glio la mer- cé, ma vo- glio la mer-
54
-cé la tua spe- ran- - - - -
-cé del- la spe- ran- - - - -
6
7

za, non sia sen- za mer- cé la tua speran-

za, ma vo- glio la mer- cé del- la speran-

-za.

-za.

Ma quando vien, ma quando vien l'istante che premio è della fe', della costanza?

Presto verrà, verrà, verrà l'istante che premio è della fe', della co-

-stan- za. Pre- sto ver- rà, pre- sto ver- rà l'i- stan-

Ma quan- do vien, quan- do vien l'i- stan-

- te che pre- mio è del- la fe', del-

- te che pre- mio è del- la fe', del-

-la co- stan- za, ver- rà, ver- rà l'i- stan- te che pre- mio è del- la fe',

-la co- stan- za? Ma quan- do, ma quan- do, ma quan- do, ma

pre- sto, pre- sto ver- rà, ver- rà, ver- rà l'i- stan- te che
quan- do vien l'i- stan- te che pre- mio è del- la fe', ma quan- do vien l'i- stan- te che

pre- mio è del- la fe', del- la co- stan- za.
pre- mio è del- la fe', del- la co- stan- za?

Vn. 1
Vn. 2
B.c.

Già dal platano antico

Tirsi, Clori

1. [Recitativo]

TIRSI

Già dal platano antico e dall'abete cade l'ombra più breve e già l'armenti sazi di pascolar le molli erbette corron veloci ad ammorzar la sete del rio vicin nei limpidetti argenti; e noi Clori, mia vita, sotto l'ombra gradita ove gareggia insiem l'erbetta e 'l fiore posiamo il fianco e favelliam d'amore.

2. [Aria]

27
Vn. 1, 2
Tir.
B.c.
p
adagio
Sen- ti, sen- ti quel-l'u- si- gno- lo che a te scher- zan- do in- tor- no
33
vo- la dal fag- gio al- l'or- no e col suo can- to di- ce: «Io, io,
38
io, io, io, io ti son fi- do».
43
Sen- ti quel-l'u- si- gno- lo che a

te scher- zan- do in- tor- no vo- la dal fag- gio al- l'or- no e col suo can- - - - - to, e col suo can- to di- ce: «Io, io, io, io, io, io ti son fi- do».

Poi ri- pi- glian- do il vo- lo po- sa di ra- mo in ra- mo e
Fine

di- ce: «Oh, oh, oh quan- to, quan- to t'a- mo»

e ri- tor- na fe- li- ce al pa- - - trio ni- do, e ri- tor- na fe- li- ce al pa- - trio ni- do.

Da capo

3. [Recitativo]

TIRSI
Il mio ni- do tu sei, Clo- ri ben mi- o, quel che can- ta co- sì, quel- lo son i- o.

CLORI
Tir- si, già so che il tuo co- stan- te a- mo- re por- ta di fe- del- ta- de il mag- gior van- to; ma al- la mia fe- de ac- can- to for- se, for- se è mi- no- re; ché dir non so qual si- a mag-

-gior la fede tua o pur la mia; se parlò di tua fede e del tuo amore l'u-

-signoletto bello, del mio amor, di mia fe' parla il ruscello.

4. Aria

quel ru- scel- lo: co- me scor- ren- do il pra- to

con la- bro in- na- mo- ra- to, per- ché non

sa par- lar, non sa par- lar, ba- cia, ba- cia la

spon- da.

Spec- chia- ti, spec- chia- ti in quel ru- scel- lo: co- me scor- ren-

-do il pra- to con la bro in- na- mo- ra- to, per-

51
-ché non sa par- lar, ba- - - -
58
- - - cia, ba- cia la spon- da,
65
per- ché non sa par- lar, ba- - cia la spon-

-da.

Co- me vez- zo- so e

Fine

bel- lo del mar in se- no al- l'ac- que, poi rie- de d'on- de

nac- que e la tor- na a ba- ciar,

e la tor- na a ba- ciar con l'i- stes- sa on- da,

poi rie- de d'on- de nac- que

e la tor- na a ba- ciar,

tor- na a ba- ciar con l'i- stes- sa on- da.

Da capo

5. [Recitativo]

CLORI: Tirsi bell'idol mio, quella sponda sei tu, l'onda son io.

TIRSI: Con egual face amore, come accese il tuo petto, arse il mio core; quando nemica sorte, o fier destino mi divide da te, non trovo pace. Ogni leggiadra ninfa, ogni pastore aborrisco, ma quando a te vicino passo li giorni e l'ore, ogni momento della presenza tua mi fa contento.

6. Aria

Quan- do na- sce il sol dal- l'on- de Cli- zia a- man- te sem- pre a lui vol- ge il sem- bian- te, sem- pre a lui rivolge il piè, rivolge, rivolge il piè.

Quando nasce il sol dall'onde Clizia amante sempre a lui volge il sembiante, sempre a

34
p
lui ri- vol- ge il piè, sem- pre a lui vol- ge il sem-
38
-bian- - - te, sem- pre a lui ri- vol- ge il
42
piè, ri- vol- ge il piè.
46
Vn. 1, 2
B.c.
50
Fine

Ma se in essa si nasconde tutta duolo il bel viso china al suolo, indi mesta così resta finché il sol ritorna a sé, indi mesta così resta finché il sol ritorna, ritorna a sé.

Da capo

7. [Recitativo]

CLORI

Quando da te lontana in cupa valle o in ermo colle il gregge guido soletta, allora innalzo l'occhio al monte, o il volto al piano, e se da lungi almen Tirsi non miro, smanio, gelo, mi struggo, ardo e sospiro.

8. Aria

Dal suo margine adorato il ruscello abbandonato preme l'erbe, calca i fiori, né mai posa finché in braccio non si vede delle sponde che la-

-sciò, il ru- scel- lo ab- ban- do- na- to, dal suo mar- gi- -ne a- do- ra- to, pre- me l'er- be, cal- ca i fio- ri, né mai po- sa fin- ché in brac- cio non si ve- de del- le spon- de, del- le spon- de che la- sciò, né mai po- sa fin- ché in brac- cio non si ve- de del- le

spon- de che la- sciò.

Co- sì lun- gi dal ben mi- o, vo scor- ren- do i bo- schi an- ch'i- o, Tir- si chia- mo per- ché l'a- mo, né mai poso se non fermo amante il piede presso a chi m'innamorò, né mai poso se non fermo, se non fermo amante il piede presso a chi m'innamorò, m'innamorò.

Da capo

9. [Recitativo]

CLORI: Tirsi, bell'idol mio, quella sponda sei tu, l'onda son io;

TIRSI: Clori, bell'idol mio, il mio sole sei tu, Clizia son io; ma pria che il mio bel sol parta e sen vada al suo natio confine, e pria ch'io lasci la mia cara sponda, l'amoroso cor mio si sciolga in pianto e si trasformi in rio.

10. Aria [a 2]

30
- - - na. Que- sto pian- to
- - - na. Que- sto fio- re sia l'o-
9 8
37
ab- bia il van- to, ab bia il van- to di quel cor che mi dà
-no- re, sia l'o- no- re di quel crin che m'in- ca- te- na, che m'in- ca-
7 6 9 8 7 6
45
pe- - - - - - - -
-te- - - - - - - -
♮7 7 6
53
-na, ab- bia il van- to di quel cor, ab- bia il van- to di quel
-na, che m'in- ca- te- - - -
9 8 9 8

cor che mi dà pe-
na, che mi dà pe-
na, sia l'o- no- re di quel crin, sia l'o-
-no- re di quel crin che m'in- ca- te-
na.
na.

Qu'est'u- mo- re vien dal ci- glio a far ca- - - ra la mia pe- - - -

Di quel gi- glio al bel can-

120
-na.
-do- re la mia fron- - - - te è più se-
127
Que- st'u- mo- re vien dal ci- glio a far ca-
-re- - - - na,
134
- - - ra la mia pe- - -
più se- re- - - - na, la mia fron- te è più
[♮]7
141
- na. Que- st'u- mo- re vien dal ci- glio a far
se- re- na. Di quel gi- glio al bel can-

ca- - - ra la mia pe-
-do- re la mia fron- - - te è
più se- re- - - - na.

Dal segno al Fine

Importuno Cupido

Tirsi, Clori

1. Introduzione

2. Recitativo

Importuno Cupido che vuoi, da me che brami? mi lusinghi ad amar? amar non voglio; ho il petto e 'l sen di scoglio sciolto vive il mio cor da sue catene. Ma (oh Dio) ecco l'infida, ecco ch'io torno in pene e a più fiero martir Amor mi guida.

3. Aria

tutti

-vrò, nuo- ve pia- ghe e nuo- vo ar- dor,

solo

ché bra- mar io sem- pre vo, sin che spir-to in se- no a-

tutti

-vrò, nuo- ve pia- ghe, nuo- ve pia- ghe e nuo- vo ar- dor.

48
Son sì
54
solo
ca- re sì gra- di- te le fe- ri- te che mi fa, che mi fa sof- fri- re A- mor, son sì
60
ca- re sì gra- di- te, sì gra di te le fe- ri- te che mi
66
fa, che mi fa sof- fri- re A- mor, sì gra- di- te le fe- ri- te che mi

4. [Recitativo]

TIRSI: Ah mio nume, mio bene tanto è vago e gentile il tuo sembiante che tutto lieto e amante riede il mio cor ad offerirti in pegno di costanza e di fe' gli affetti miei.

CLORI: Meco se pur favelli palesa ciò che brami e di' chi sei.

5. [Aria]

Tirsi: A- man- te non gra- di- to, fe- del ben- ché tra- di- to, il sai son i- o, il sai son i- o, io son, io son, a- man- te, io son, io son fe- del non gra- di- to, ben- ché tra- di- to, il sai son i- o, il sai son io, fe- del son i- o;

Fine
[poi Ritornello]

chie- de pie- tà, mer- ce- de, la de- lu- sa mia fe- de al fo- co mi- o, pie- tà, mer- ce- de, chie- de pie- tà, mer- ce- de, la de- lu- sa mia fe- de al fo- co mi- o. A- man- te

Dal segno al Fine

6. [Recitativo]

CLORI: Troppo s'avanza, o folle, il tuo desire né presumer tu dei ch'al pudico mio core non sia delitto il favellar d'amore.

TIRSI: Cieli, per mia sventura, come formaste, ahi lasso, in un petto di neve un cor di sasso?

7. Aria

Sì sì, sì sì ser- bar vor-

-rei al cor la li- ber- tà, _____ la li- ber-

-tà, ser- bar vor- rei al cor, al cor la li- ber-

-tà, _____ sì sì ser- bar vor- rei al cor la li- ber-

-tà, ser- bar vor- rei al cor la li- ber- tà.

Ma un cri- ne, un la- bro, un ci- glio, d'un vol- to il bel ver-

Fine

-mi- glio que- st'al- ma fe- ri- rà, un cri- ne, un la- bro, un ci- glio, d'un vol- to il bel ver-

-mi- glio que- st'al- ma fe- ri- rà, que- st'al- ma fe- ri- rà.

Da capo

8. [Recitativo]

TIRSI

Mi- ro la mia ti- ran- na, che pri- va di pie- ta- de, or mi con- dan- na a vi- ve- re mo- ren- do.

Basso continuo

E un sì mi tac- que, per ren- der- mi in- fe- li- ce, Tan- - ta- lo si- ti- bon- do in mez- zo al- l'ac- que.

9. Aria

Adorar sol per soffrire il rigor d'una beltà, è un dolor che fa languire con dolcezza e crudeltà, che fa languire con dol-

10. [Recitativo]

CLORI: Tirsi, che far degg'i‿o perché me- no t'af- fan-ni‿il tuo do- lo- re?

TIRSI: Bra- ma un sol guar-do‿il co- re un sì da te, cru- del i- do- lo mi- o.

CLORI: Non mel per- met- ton l'o- ne- sta- de dei Nu- mi.

TIRSI: Pri- ma che‿il tuo ri- gor l'al- ma con- su- mi, ti mo- vi‿no‿a pie- ta- de i miei la- men- ti.

(-cez- za e cru- del- tà, e cru- del- tà.)

11. Aria

Zef-fi- ret- to, che dol- ce spi-ran- do al- let- ta-va il bel cor-so del-l'on- de, dal-l'u-mi-de spon- de   ai pia- ce- ri del mar m'in-vi- tò,   del mar,_____

_____ ai pia-

-ce- ri del mar m'in-vi- tò,   ai pia-

-ce- ri del mar m'in-vi- tò, del mar, _____ del mar __

_____ m'in- vi- tò.

27
Vn. 1
Vn. 2
Clo.
B.c.
Ven- ni͜ al ma- re, ma
Fine
30
l'on- da ru- bel- la fu- ne- sta pro- cel- la del mio co- re͜ i nau- fra-
33
- gi, i nau- fra- gi sve- gliò, fu- ne- sta pro- cel- la del mio

co- re i nau-fra- gi, i nau-fra- gi sve- gliò.

Da capo

12. [Recitativo]

CLORI

Non han gli a- man- ti, no, fe- de nel- le pro- mes- se, e non son al- tro al- fi- ne che in co- stan- za di ma- re: i suoi so- spir, i suoi co- cen- ti ar- do- ri, in- ten- ti sol a dar pro- cel- le al co- re.

13. Aria

Pri-ma- ve- ra che tut- t'a-mo-ro- sa vez-zo- set- ta ri- de- va ne' fio- ri, con lin-gua d'o-

9
-do- ri ai ri- po- si in- vi- tar- mi s'u- dì, ai ri- po- -
12
- - - si, ai ri-
15
-po- si in- vi- tar- mi s'u- dì.
Pri- ma-

-ve- ra che tut- t'a-mo- ro- sa vez-zo- set- ta ri- de- va ne' fio- ri, con lin- gua d'o- do- ri ai ri- po-

- si in-vi- tar- mi s'u- dì.

Vn. 1

Vn. 2

B.c.

Fine

Venni al prato ma un angue crudele tra l'erba infedele stava ascoso, e 'l mio core, il mio core ferì, tra l'erba infedele stava a-

-sco-so, e 'l mio co- - re, il mio co- re fe- rì.

Da capo

14. [Recitativo]

TIRSI
Ta- li so- no sì sì di don- na lu- sin-ghie- ra le con- su- e- te fro- di: por-tar con dol- ci mo- di, di-let- to a- gli oc- chi e poi ve- le- no ai co- ri; e pur del- la mia Clo- ri i vez- zi a- do- ro ed i- do- la- tro il vol- to, ed ho spe- me e ti- mor in se- no ac- col- to.

15. Aria

Fin-ché l'ar-do-re non giun-ge al co-re, la mia co-stan-za l'a-scon-de-rà, la mia co-

-stan- za l'a- scon- de- rà. Fin-ché l'ar- do- re non giun-ge al co- re, la mia co- stan- za l'a- scon- de- rà, la mia co- -stan- - - za l'a- scon- de-rà, la mia co- stan- za l'a- scon- de- rà.

Se poi s'a- van- za far- mi lan-
Fine

-gui- re per non mo- ri- re, per non mo- ri- re, lo sco- pri- rà. Se poi s'a-

-vanza, farmi languire per non morire, per non mo-

-rire, lo scoprirà, per non morire, lo scoprirà.

Da capo

16. [Recitativo]

TIRSI: Tutta fe', tutt'a amor è l'alma mia e allor che mi diceste... CLORI: Taci! troppo moleste mi son le tue follie. TIRSI: Se de le pene mie pietà non hai... CLORI: E quando mai ti lusingò la speme? TIRSI: D'un cor che geme a-

17. Aria a 2

CLORI: -scolta... Tel dissi un'altra volta: io non ti voglio.

TIRSI: Ahi, che cordoglio! Almen dimmi ch'io mora che fido morirò.

CLORI: Più resister non posso o questo no! Crudel, vuoi ch'io mora? Rispondi... Ch'io

TIRSI: no no.

13
sì sì. non so. Vi- vi e spe- ra,
vi- va? Ch'io spe- ri? Che dun- que fa- rò? Ma
20
Vn. 1, 2
Clo.
vi- vi e spe- ra, spe- ra: no no.
Tir.
poi che fa- rò? Cru- del, vuoi ch'io mo- ra? Ri- spon- di... Ch'io
B.c.
27
sì sì. non so. vi- vi e spe- ra,
vi- va? Ch'io spe- ri? Che dun- que fa- rò, che fa-

34
Vn. 1
Vn. 2
Clo.
vi- vi_e spe- ra: t'a- me- rò, t'a- me- rò. So-
Tir.
-rò? Ma poi, ma poi ca- re vo- ci,
B.c.
41
Allegro
-a- ve tor- men- to! lan- guir già mi sen- to, lan- guir già mi sen- to: ai
lan- guir già mi sen- to, lan- guir già mi sen- to:
48
Vn. 1, 2
Clo.
dar- di d'a- mo- re re- si- sta_ chi può, chi può, chi
Tir.
ai dar- di d'a- mo- re re- si- sta_ chi
B.c.

55
può, re- si- sta chi può, ai dar- di d'a- mo- re re- si- sta chi può, re- si-
può, re- si- sta chi può, re- si- - - sta chi può, ai dar- di d'a-
63
- - sta chi può, re- si- - - sta, re-
-mo- re re- si- sta chi può, re- si- - - sta, re-
70
-si- sta chi può, ai dar- di d'a- mo- re re- si- - sta, re- si- sta chi può.
-si- sta chi può, ai dar- di d'a- mo- re re- si- - sta, re- si- sta chi può.

Io che dal terzo ciel

Venere, Adone

1. [Recitativo]

Io che dal terzo ciel raggi di gioia spargo sui cori amanti, or da nubi di pianti eclissato ho nel seno per un volto mortale il bel sereno.

2. Aria

Come in fiamma con luce serena sol celeste terrena beltà, sol celeste terrena beltà, sol celeste terrena beltà,

Fine

co-sì un sol di bel-lez-za ter-re-na, ar-de e in-fiam-ma ce-le-ste dei-tà, ar-de e in-fiam-ma ce-le-ste dei-tà, co-sì un sol di bel-lez-za ter-re-na, ar-de e in-fiam-ma ce-le-ste dei-tà, ar-de e in-fiam-ma ce-le-ste dei-tà.

Ritornello

Dal segno al Fine

3. [Recitativo]

VENERE

Se già nacqui fra l'onde per te nell'onde del mio pianto io moro. Adone, mio tesoro, ah, se di Cipro entro il devoto tempio consecrasti al mio onor vittime e incensi, su l'ara del mio core, deh, consacrami, Adone, oggi il tuo amore.

4. Aria

133

T'a-me-rò co-me mor-ta- le, t'a-me-rò co-me mor-ta- le co-me dea t'a-do-re-rò, co-me dea t'a-do-re- rò, t'a-me-rò t'a-do-re- rò, t'a-me-rò co- me mor-

-ta- le co-me dea t'a- do- re- rò, t'a-me- rò co- me mor- ta- le co- me dea t'a- do-re-rò;

Fine

al tuo se-no, al- le tue pian- te, fi- do ser- vo e ve-ro a- man- te, di te, o Ve- ne- re, sa-rò, di te, o Ve- ne- re, sa- rò, fi- do ser-vo e ve-ro a- man- te, di te, o Ve- ne- re, sa- rò.

Dal segno al Fine

5. [Recitativo]

VENERE

Non m'adorar no no, ché del ciel più non son nume immortale, ma sotto spoglia vile e pastorale, Adone, idolo mio, per te la deità posi in oblio.

6. Aria

Tutto il bello in un sol bello nel tuo volto unisce amor, tutto il bello in un sol bello, tutto il bello in un sol bello nel tuo volto unisce amor, nel tuo volto unisce amor,

Fine

24
ac- ciò pro- vi‿in un con- ten- to il con- ten- to d'o- gni cor, il con-
29
-ten- to, ac- ciò pro- vi‿in un con- ten- to il con- ten- to d'o- gni
34
cor, ac- ciò pro- vi‿in un con- ten- to il con- ten- to d'o- gni cor.
40
Ritornello
Vn. 1
Vn. 2
B.c.
46
Dal segno al Fine
[poi Ritornello]

7. [Recitativo]

ADONE
È il mio volto mortale, presso alla tua beltà, come l'atomo vil ch'è bello ancora quando con i suoi raggi il sol indora.

8. [Aria]

[Prima stanza]

11
p
p
O- ve scher- - - za,
16
o- ve scher- za‿il ru- scel col ru- scel- lo e s'in-
21
-trec- cia- no‿i ra- mi coi ra- - -

26
- mi, co- sì A- mo- re con dol- ci le- ga-
32
- - mi il mio sen col tuo sen strin- ge- rà.
Seconda [stanza]
38
Vn. 1
Vn. 2
Ven.
B.c.

43
48
p
p
O- ve l'au- - - ra, o- ve
53
l'au- ra con l'au- ra re- spi- ra e s'ab- brac- cia- no i

ra- mi coi ra- - mi - - mi,

fra_____ con- ten- ti fra vez- zi___ fra a- mo-

-ri il mio cor___ col tuo cor go- de- rà.

9. [Recitativo]

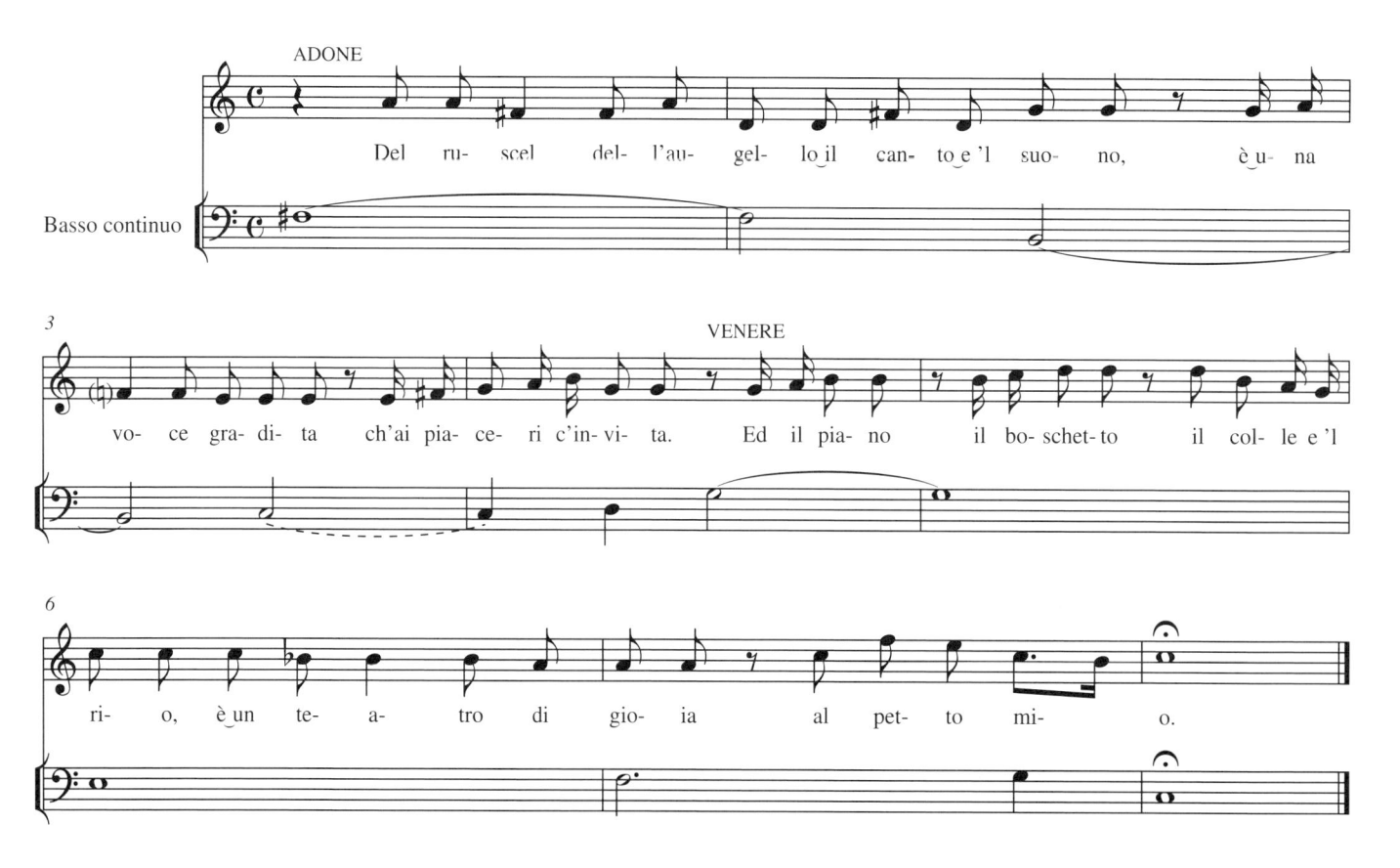

ADONE
Del ruscel dell'augello il canto e 'l suono, è una

VENERE
voce gradita ch'ai piaceri c'invita. Ed il piano il boschetto il colle e 'l

rio, è un teatro di gioia al petto mio.

10. [Aria] a 2

11
-rel- la o- ve il bo- schet- to om- breg- gia
-rel- la o- ve il bo- schet- to om- breg- gia
14
mi- ra che a pa- scer va le pe- co- rel- le
mi- ra che a pa- scer va le pe- co- rel- le
18
e per col- mar col lat- te le fi- scel- le, strin- ge le
e per col- mar col lat- te le fi- scel- le, strin- ge le

22
pop-pe al-la sua ca- - ra, al-la sua ca- - ra, ca-ra, ca- - ra, al-la sua ca-
pop- pe al-la sua ca- ra, ca-ra, ca- ra, al-la sua ca- ra, ca-ra,
26
- ra, ca- - ra greg- - gia.
ca- ra, ca- - ra greg- - gia.
30

34
Il vil- la- nel- lo,
Il vil- la- nel- lo,
38
il vil- la- nel- lo o- ve ch'il pian s'av- val- la
il vil- la- nel- lo o- ve ch'il pian s'av- val- la
41
po- ne in fac- cia del so- le lo spec- chiet-
po- ne in fac- cia del so- le lo spec- chiet-

45
-to,
ed a quel rag- gio vo- la l'au- gel- let-
-to,
ed a quel rag- gio vo- la l'au- gel- let-
49
Ven.
-to, co- me a rag- gio mor- tal cie- ca far- fal- - la, cie-
Ad.
-to, co- me a rag- gio mor- tal cie- ca far- fal- - - la,
53
Vn. 1
Vn. 2
Ven.
- ca, cie- ca far- fal- la.
Ad.
cie- ca far- fal- la.
B.c.
57
Vn. 1
Vn. 2
B.c.

11. [Recitativo]

VENERE: Qual farfalletta anch'io già dal lucido incanto del tuo ciglio a scender dalle stelle fui costretta; ma da forza fatale or son astretta, della spoglia mortal franger il velo e su l'ali d'amor volare al cielo.

ADONE: Dunque partir vorrai e lasciarmi potrai in braccio del dolore?

VENERE: Non parto, Adone, no, se teco resta nel disciolto tuo crine avvinto il core.

12. Aria

Venere: Meco parte il mio dolore teco resta, teco

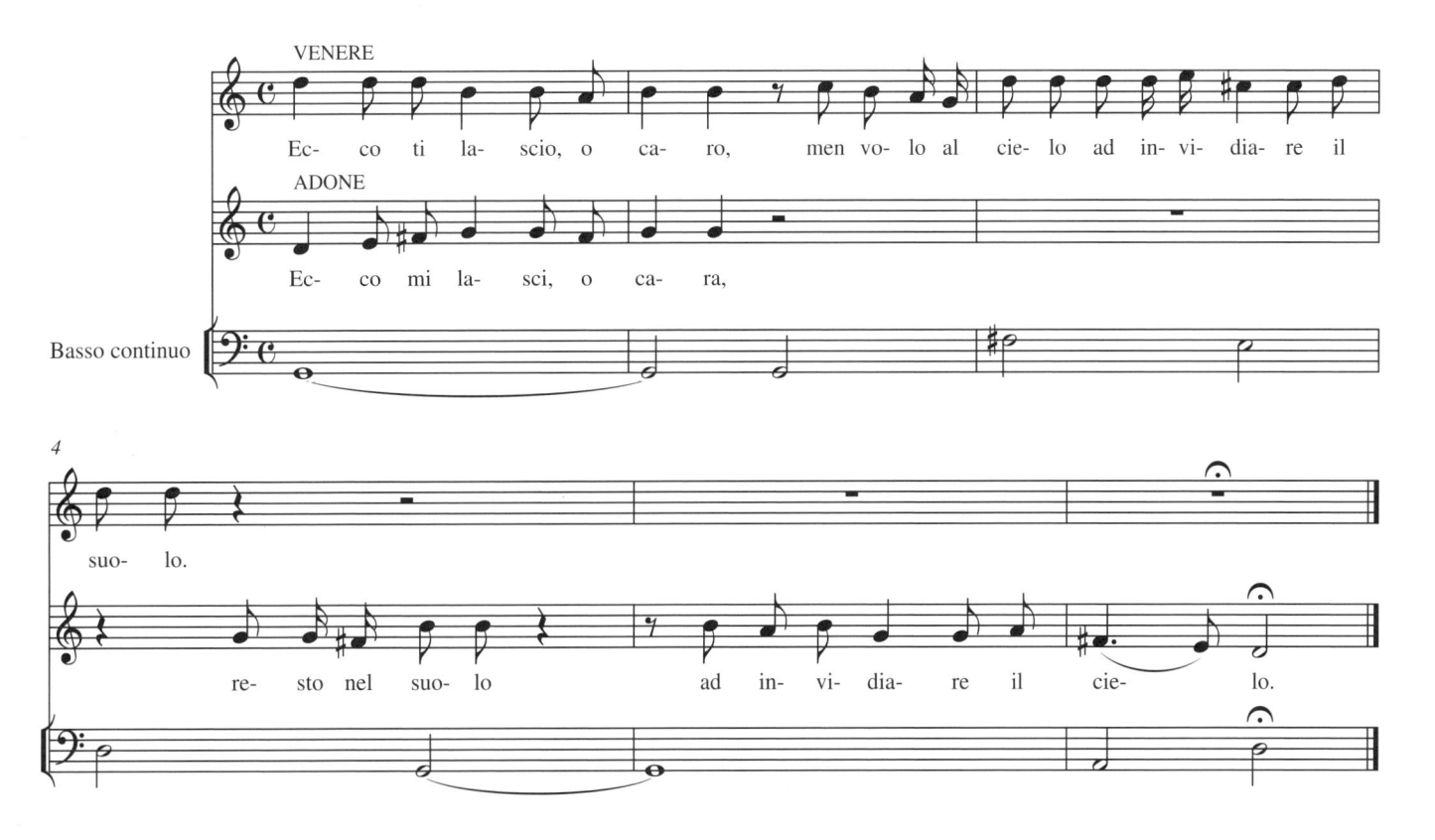

resta il mio piacer, meco parte il mio dolore teco resta il mio piacer; ed a te pensando il core solo in te potrò goder, solo in te potrò goder, ed a te pensando il core solo in te potrò goder. Meco

Fine

Dal segno al Fine

13. [Recitativo]

VENERE
Ecco ti lascio, o caro, men volo al cielo ad invidiare il suolo.

ADONE
Eccomi lasci, o cara, resto nel suolo ad invidiare il cielo.

Basso continuo

14. Aria

-spi- ra, se la ma- dre do- len- te ri- mi- ra, gir- ne lun- gi dal te- ne- ro sen,

col suo can- to al- la bel- la in- fe-

-li- ce sai che di- ce, sai che di- ce?

«Deh, fra po- co, ri- tor- na mio ben, ri- tor- na mio ben, ri- tor- na, ri- tor-

-na, deh, fra po- co, ri- tor- na mio ben, ri- tor-

-na, ri- tor- na mio ben».

[Seconda stanza]

Vn. 1, 2

Ven.

B.c.

153

U- si-gnol che va lun- gi dal pra- -to, u- si- gnol che va lun- gi dal pra- to, per cer- ca- re a- li-men- to bra- ma- to, al suo fi- glio che me- sto mi- rò, col suo can- to a_la pro- le in- fe-

-li- ce sai che di- ce, sai che di- ce?

«Sì, fra po- co, mio ben, tor- ne- rò, mio ben, tor- ne- rò, tor- ne- rò, tor- ne-

-rò, sì, fra po- co, mio ben, tor- ne- rò, mio ben,

mio ben, tor- ne- rò».

[Terza stanza]

Ven.: Co- sì del duo- lo in sen qual Fi- lo- me- na, o ca- ro, an- ch'io di-
Ad.: Co- sì del duo- lo in sen qual Fi- lo- me- na, o ca- ra, an- ch'io di-

Ven.: -rò: «Sì, fra po- co, mio ben, tor- ne-
Ad.: -rò: «Deh, fra po- co, ri- tor- na mio ben,

Ven.: -rò, mio ben, tor- ne- rò, fra po- co, mio ben, mio ben, tor- ne- rò,
Ad.: ri- tor- na mio ben, ri- tor- na mio ben, fra po- co, ri- tor- na mio ben, ri- tor-

tor- ne- rò, sì, mio ben, tor-ne- rò, fra po- co, mio ben, tor-ne-

-na, ri- tor- na, deh, mio ben, fra po- co, ri- tor- na mio

-rò, mio ben, tor- ne- rò».

ben, ri- tor- na mio ben».

Quel bel fonte

Filli, Sileno

1. Sinfonia

158

2. Aria [a 2]

19
Vn. 1
Vn. 2
Sil.
-co- ra quel- la ro- sa che l'au- ro- ra fa più
B.c.
25
bel- la, fa più bel- la e più vez- zo- -
31
Vn. 1
Vn. 2
Fil.
è 'l mio cor a- man- do
Sil.
- - sa, è 'l mio cor a- man- do
B.c.

161

162

72
Vn. 1
Vn. 2
Fil.
re- pli- ca l'a- can- to, «a- ma l'a- -
B.c.
78
Vn. 1
Vn. 2
Fil.
- ma- ran- to». A- man tut- ti ed a- mo an- ch'i- o,
Sil.
A- man tut- ti ed a- mo an- ch'i- o,
B.c.
84
e vo' dir al- l'i- dol mi- o che il mio cor l'a-
e vo' dir al- l'i- dol mi- o che il mio cor l'a-

164

-do- re- rà, l'a- do- re- rà, _____ l'a-
-do- re- rà, _____

-do- re- rà, che il mio cor l'a- do- re- rà, l'a-
l'a- do- re- rà, che il mio cor _____ l'a- do- re- rà, l'a-

-do- re- rà.
-do- re- rà.

Da capo

3. [Recitativo]

SILENO
Sì sì, Fillide cara, t'amo e del dolce amore ferve così l'ardente fiamma in seno, che se te non rimiro io vengo meno, che se lungi sei tu, languisce il core. T'amo, ma pur, oh Dio, tu non senti o non curi il fuoco mio.

4. Aria

Della fiamma che m'infiamma, dell'ardor ch'accende il cor, tu non senti, oh Dio, pietà, no, no, no, tu non senti, oh Dio, pietà, non senti, oh Dio, pietà,

33
non sen- ti pie- tà, del- la
39
fiam- ma che m'in- fiam- ma, non sen- ti pie- tà, del- l'ar- dor ch'ac- cen- de il
44
cor, non sen- ti, oh Dio, pie- tà, del- la
49
fiam- ma del- l'ar- dor che m'in- fiam- ma, ch'ac- cen- de il cor, tu non

senti, oh Dio, pietà, pietà, oh Dio, pietà, pietà, pietà, pietà.

Il mio petto tutto affetto, il mio seno che vien meno, pur da te ristor non ha, da te non ha ristor, pur da te ristor non ha, no, no, da te ristor non ha.

Fine

Da capo

5. Recitativo

FILLI

Troppo fuor di ragione così parli, o Sileno, troppo troppo m'offendi se lagnarti pretendi; che non avvampi il seno per te, dolce mio ben, di puro ardore, che non arda per te l'acceso core; chiedi, deh chiedi, pur dell'amor mio al bosco al prato al rio, chiedilo a quelle piante e ti diranno ben che vive di Silen Fillide amante.

6. [Aria]

se__ di- man- di_a quel__ ru- scel- lo

ti__ di- rà__ che Fil- li__ t'a- ma, ti di- rà che__ Fil- li__

t'a- ma,__ che, che Fil- li__ t'a- ma, quel ru- scel- lo__

ti di- rà che Fil- li t'a- ma, che, che Fil- li t'a-

-ma;

63
se poi tor- ni al pra- ti- cel- lo sa- prai pur
69
che il cor te bra- ma, che il cor te bra- ma, se poi
76
tor- ni al pra- ti- cel- lo sa- prai pur che il cor te bra- ma,

7. [Recitativo]

SILENO: No no, Fillide, il core sol a te lo dimanda, a te lo chiede.

FILLI: Sallo il ciel che 'l cor vede s'egli ti serba amore, amor e fede.

SILENO: Oh Dio! Crederti pur

vor- rei ma non so chi s'op- po- ne a' vo- ti mie- i: sen- to, sen- to nel- l'al- ma u- n'au- ra di spet-
-to- sa, che d'o- gni mio pia- cer tur- ba la cal- ma e con dop- pio tor- men- to:
«a- ma- mi» di- ce «e spe- ra, spe- ra, ma te- mi po- i del tra- di- men- to».

8. Aria

177

-flit- ta, af- flit- ta____ nel mio sen;

tutti

Fine

e____ con- fu- so il cor____ a- man- te, or____ gio- i- sce ed or vien men, e con-fu-so il cor a-man-te,

or gio-i-sce ed or vien men, ed or vien men.

Da capo

9. Recitativo

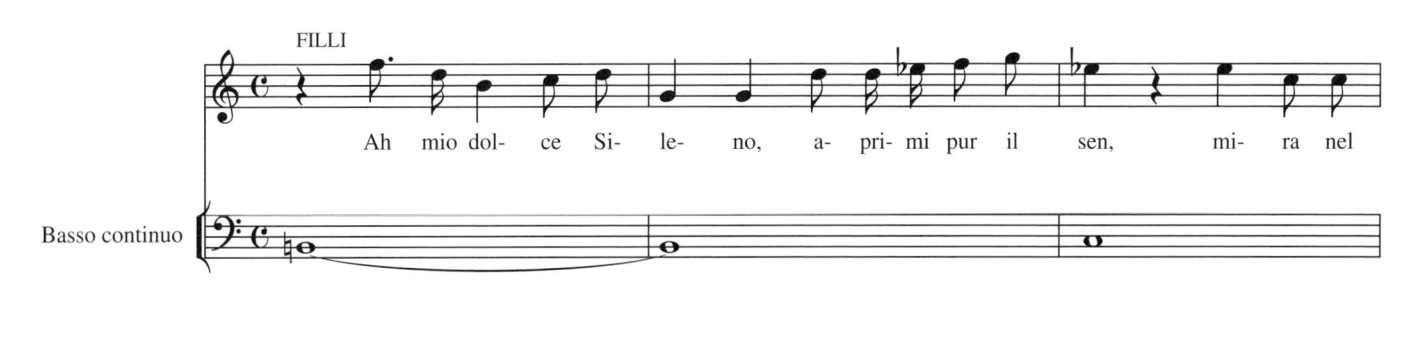

FILLI
Ah mio dol-ce Si-le-no, a-pri-mi pur il sen, mi-ra nel pet-to scrit-to a ci-fre d'a-mor tut-t'il mio af-fet-to; leg-gi, deh, leg-gi e

credi, e pria che il pensier mio legge cambiar tu vedi, correrà sangue il rio, sarà stabile l'onda, immoto il vento, e sconvolto vedrassi ogni elemento.

10. Aria

Violin 1, 2

Filli

Basso continuo

Ve- -drai nella campagna fuggir dalla compagna la fida tortorella, la fi- da tor- to- rel- la, nel- la cam- pa- gna fug- gir, fug-gir dal- la com- pa- gna la tor- to- rel- la.

Ve- drai nel- la cam- pa- gna fug- gir dal- la com- pa- gna la fi- da tor- to- rel- la, nel- la cam- pa- gna fug- gir, fug-gir dal- la com- pa- gna, ve- drai, ve- drai fug- gir la fi- da tor- to- rel- la, la fi- da tor- to--rel- la, tor- to- rel- la, la fi- da tor- to- rel--la.

Ve- drai con no- do in-

Fine

-fi- do u- nir- si in un sol ni- do il ti- gre con l'a- gnel-

-la, vedrai, vedrai unirsi in un sol nido con nodo in-fido il tigre con l'agnella, con l'agnella.

Da capo

11. [Recitativo]

FILLI
Ma se ciò non ti basta Filli morir vedrai e dalla tomba poi ella ancor ti dirà: «Silen, t'amai».

SILENO
Ah Fillide, io ti credo ma pur, ma pur non vedo che tu m'ami a bastanza.

FILLI
Come! che dir vorrai?

SILENO
Altro ristor non dai che di speranza.

FILLI
Questa conduce al fin de' nostri affetti la navi-

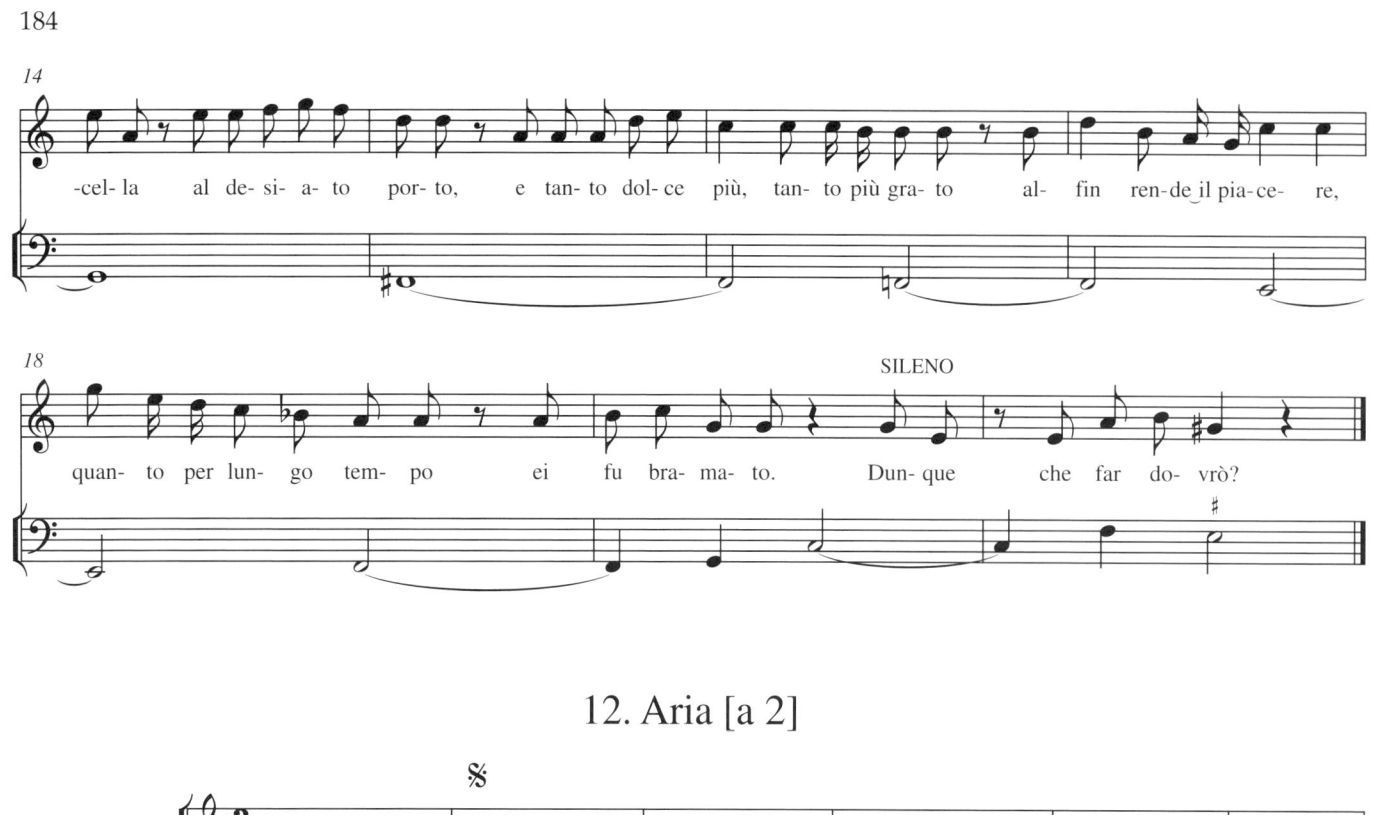

-cel- la al de- si- a- to por- to, e tan- to dol- ce più, tan- to più gra- to al- fin ren- de il pia- ce- re, quan- to per lun- go tem- po ei fu bra- ma- to. Dun- que che far do- vrò?

12. Aria [a 2]

Violin 1
Violin 2
Filli: A- ma- mi, ca- ro, e spe- ra mer- ce- de, mer- ce- de al fi- do cor;
Sileno: Bel- la t'a- do- ro, e spe- ra pa- ce, pa- ce l'af- flit- to cor;
Basso continuo

14
A- ma- mi, ca- ro, e
21
spe- ra mer- cè, mer- ce- de al fi- do a- mor, al fi- do a-
Bel- la t'a- do- ro, e spe- ra pa- ce, pa- ce l'af- flit- to
27
-mor, ca- ro, a- ma- mi e spe- ra mer- ce- de al
cor, bel- la t'a- do- ro, e spe- ra

34
fi- do cor, e spe- ra, e spe- ra, e spe- ra mer-
pa- ce l'af- flit- to cor, e spe- ra, e spe- ra, spe- ra
41
-ce- de al fi- do cor, a- ma- mi, ca- ro, e
pa- ce l'af- flit- to cor, t'a- do- ro, bel- la,
48
spe- ra, spe- ra, spe- ra mer- ce- de al fi- do
e spe- ra, spe- ra, spe- ra pa- ce l'af- flit- to

cor,___ al fi- do cor,_____ spe- ra mer- ce- de al fi- do cor;

cor,___ l'af- flit- to cor,_____ spe- ra pa- ce l'af- flit- to cor;

un
Fine

al- fin, al- fin dol- ce ri- po- so
gior- no al- fin pie- to- so

de- ve- si, de- ve- si al tuo do- lor, al- fin, al-
de- ve- si, de- ve- si al mio do- lor, un gior- no al- fin pie- to-

-fin dol- ce ri- po- so de- ve- si, de- ve- si al tuo do- lor,
-so, al- fin pie- to- so de- ve- si, de- ve- si al mio do- lor,

de- ve- si, de- ve-si al tuo do-

de- ve- si, de- ve-si al mio do-

-lor. A- ma- mi

-lor.

Dal segno al Fine

Qui di natura a scorno

Clori, Daliso

1. [Recitativo]

Qui di natura a scorno ove scherzan ognor l'aure serene, empio Daliso, mi dicesti un giorno: «Dolce Clori, idol caro, amato bene». Quivi fra queste piante disse ancor dal suo sen l'anima amante al pastorel Daliso: «Giura Clori sua fede e non altro da lui ch'amor richiede». E tu qui, pur crudele, al costante amor mio fosti infedele.

2. Aria

Que- sti è 'l bo- sco il

monte il prato, che ti udiro, o dispietato, darmi fe', giurar mi amor, che ti udiro, dispietato, darmi fe', giurar mi amor.

Que- sti è 'l bo- sco il mon- te il pra- to, che ti u- di- ro, o di- spie- ta- to, dar- mi fe', giu- rar mi a- mor, o di- spie- ta- to, dar- mi fe', giu-

63
-rar- mi a- mor, o di- spie- ta-
69
- - to, dar- mi fe', giu- rar- mi a- mor.
76
Vn. 1
Vn. 2
B.c.
83

Que- sti an- co- ra è 'l fon- te e 'l ri- o, che pie-
Fine

-to- si al do- lor mi- o, ti di- chia- ran tra- di- tor,

che pie- to- si al do- lor mi- o, ti di- chia- ran tra- di-

-tor, tra- di- tor, tra- di- tor, ti di- chia- ran tra- di- tor.

Da capo

3. [Recitativo]

DALISO

Clo- ri, mia bel- la Clo- ri, ah chie- di a que- ste so- li- ta- rie fo- re- ste, a- mi- che pian- te, chie- di se t'in- gan- nò l'a- ni- ma a- man- te; e ti di- ran che un gior- no Fil- li mi dis- se: «Io t'a- mo», ma ti di- ran- no an- cor ch'io le ri- spo- si: «Al- tra che Clo- ri mi- a, no, che non bra- mo». Se ciò ti sem- bra of- fe- sa, al mio cor lo pa- -le- sa, ed in di a- spet- ta che fac- ci e- gli di sé la sua ven- det- ta.

4. Aria

Non mi chiamar infido, non dir mi traditor, ché l'innocente cor nol può soffrire. Non

mi_ chia- mar_ in- fi- do, non dir- mi tra- di- tor,___ ché

l'in- no- cen- te cor nol può sof- fri- re, no, no,

no, non dir- mi, no, non mi_ chia- mar in- fi- do, tra- di-

-tor, ché l'in- no- cen- te cor nol può_ sof- fri- re,

no, nol può sof- fri- re.

Fine

Prima dal petto fido toglimi l'alma amante, ché saprò più costante allor morire, saprò, saprò, ché saprò più costante allor morire.

Da capo

5. [Recitativo]

CLORI: Eh, troppo ingrato, troppo tue fallaci lusinghe un tempo udii.

DALISO: Clori, sanno del ciel i sommi Dii, se mai dentro al mio core diede l'alma ricetto a un nuovo amore.

CLORI: Come non sono io quella che su la sponda dell'ondoso rio, te con Filli la bella vidi giacer? Non le dicesti allora: «Filli, dolce idol mio, tu quella sei»— ah, cruda rimembranza de' tuoi spergiuri e degli affronti miei— «tu, quella sei che sol Daliso adora»? Allor Clori t'intese, ma perché ancor ti amava, gli sdegni del suo cor tacque e sospese.

6. Aria

-de- le, cru- de- le, ma l'a- spre mie que- re- le trat- ten- ne a- mor in

sen, trat- ten- ne a- mor in sen, ma l'a- spre mie que- re-

- - - - - - -

- - le trat- ten- ne a- mor in sen.

Solo con un sospiro «al grave mio martiro, pensa, pensa» ti dissi «almen». Solo con un sospiro «al grave mio martiro, pensa, pensa» ti dissi «almen».

Fine

Da capo

7. [Recitativo]

DALISO: Ah Clori t'ingannasti, altri che il tuo Daliso forse, chiede a da quella ritrosa pastorella amore e fede.

CLORI: No, che inganno non v'è se l'occhio il vede.

DALISO: Ah, mi fulmini il ciel, m'ingoi la terra. Del lubrico pendio nuovo Ission anch'io m'aggiri al sasso, stanco anelante e lasso, fugga il cibo da me, l'onda s'arretri, fatto immortale il cor s'esponga al rostro d'avvoltoio rapace, non provi più il mio seno ombra di pace,

Adagio

Clori, se ti mancai, s'altri che te, dolce mio bene, dolce mio bene amai.

8. [Aria]

Se ti mancai mio bene, tutti dammi pur quelle pene, dammi pur quelle pene che merta un alma infida, che merta un al- - - - - ma in- -fi- da.

Dim- mi se vuoi ch'io mo- ra, *Fine*

ché la mia de- stra al- lo- ra fa- rò che in mez- zo al sen,

fa- rò che in mez- zo al sen il cor mi uc- ci- da.

Da capo

9. [Recitativo]

CLORI: Non più, non più Daliso, Daliso, ah dolce nome, mira, deh, mira come, come Clori di te crede a gli accenti. Lieta t'assolvo e delle andate cose la memoria crudel non si rammenti.

DALISO: No, no Clori, non torni di geloso pensier l'orrida face a turbar il piacer de' nostri giorni. Godiam di lieta pace o re serene.

CLORI: Sì sì, godiam così, dolce mio bene.

DALISO: Sì sì, godiam così, dolce mio bene.

10. [Aria a 2]

Già riede nel petto la gioia e 'l diletto e 'l fiero tormento lontano, lontano sen va, e 'l fiero tormento lontano, lontano sen va, lon- ta- no sen va.

lon- ta- no sen va.

Già rie- de nel pet- to la gioia e 'l di- let- to, la gioia e 'l di-

Già rie- de nel pet- to la gioia e 'l di-

-let- to e 'l fie- ro tor- men- to lon- ta- no, lon- ta-

-let- to e 'l fie- ro tor- men- to lon- ta- no, lon-

213

- no sen -ta- - - - no sen

va, lon- ta- no sen va, lon- ta- no sen va.

va, lon- ta- no sen va, lon- ta- no sen va.

Vn. 1

Vn. 2

B.c.

79
Vn. 1
Vn. 2
Clo.
Va lun- gi dal co- re l'af-
B.c.
86
Vn. 1
Vn. 2
Clo.
-fan- no e 'l do- lo- re, e un dol- ce con-
Dal.
Va lun- gi dal co- re l'af- fan- no e 'l do- lo- re, e un
B.c.
93
-ten- to ri- tor- no vi fa, va lun- gi dal co- re l'af-
dol- ce con- ten- to ri- tor- no vi fa, va lun- gi dal

-fan-no e 'l do- lo- re, e un dol- ce con- ten- to ri- tor- no vi fa,⎯⎯⎯⎯⎯⎯⎯⎯⎯⎯⎯⎯⎯

co- re⎯⎯ l'af- fan- no e 'l do- lo- re, e un dol- ce con- ten- to ri- tor- no, ri-

ri- tor- no⎯ vi fa.

-tor- no⎯ vi⎯ fa,⎯⎯⎯⎯⎯⎯⎯⎯⎯⎯⎯⎯⎯⎯⎯⎯⎯ ri- tor- no⎯ vi fa.

Critical Report

Sources

Gasparini's extant cantatas with violins are all preserved in manuscripts in the Santini-Sammlung of the Bischöfliche Priesterseminar, held in the Diözesanbibliothek in Münster, Germany (D-MÜs).[1] They all feature the same watermark—a fleur-de-lis inscribed in a double circle—indicating that their paper was of Roman origin.[2] The four early cantatas, dating back to Gasparini's first stay in Rome, survive in two miscellaneous manuscripts in the collection (D-MÜs Hs. 862 and Hs. 177), probably both assembled during the 1680s for Cardinal Benedetto Pamphili, who is interestingly also the author of some of the texts. Originally part of Cardinal Benedetto Pamphili's personal library, Hs. 862 merged into the Colonna family's estate in the nineteenth century.[3] Gasparini's three cantatas in Hs. 862 were copied by Giovanni Pertica, *Bellezza che sei* and *La beltà ch'io sospiro* on 5 and 16 July 1688, respectively, and *Quanto sei penosa* on 19 October 1689.[4] Hs. 862 is well preserved and has some artistic ambitions: initial letters are often illuminated (or there is a space probably left blank to be completed by a miniature), and Gasparini's *Quanto sei penosa* features on the title page a depiction of Venus emerging from the sea, drawn by two dolphins.

We have no definitive evidence with which to determine the date or the copyist of Hs. 177, but since it shares physical attributes with Hs. 862 and likely dates from roughly the same time period—certainly the music included in it can be ascribed to the second half of the seventeenth century[5]—it probably originated in Pamphili's library along with Hs. 862. The manuscript was probably compiled by a single scribe, and many graphemes actually resemble the handwriting of Giovani Pertica.[6]

The Ruspoli Cantatas are preserved in D-MÜs Hs. 1627–42. These manuscripts were all copied by professional scribes—Francesco Antonio and Tarquinio Lanciani[7]—and their texts are highly accurate. Each includes a single cantata. They are all bound in a modern beige binding, as the originals were damaged by a 1946 flood of the University Library in Münster, where they were first kept. The unadorned manuscripts lack miniatures or decorated letters, suggesting that they were either performing copies—i.e., copied from the autograph for an Arcadian performance—or, more likely, intended for the Ruspoli's library archive. The sources are detailed below, including shelf mark, dimensions, scribe, titles of contained Gasparini cantatas, and other relevant remarks. Title pages are transcribed, when present, in the critical notes.

D-MÜs Hs. 1629. Twelve folios, oblong (27.5 x 20 cm). Scribe: Francesco Antonio Lanciani. Contains *Destati, Lidia mia* by Gasparini.

D-MÜs Hs. 1631. Twelve folios, oblong (27.5 x 20 cm). Scribe: Francesco Antonio Lanciani. Contains *Ecco che alfin ritorno* by Gasparini.

D-MÜs Hs. 1634. Fifteen folios, oblong (27.5 x 20 cm). Date: 1716. Scribe: Tarquinio Lanciani. Contains *Il mio sol quando partì* by Gasparini.

D-MÜs Hs. 1630. Forty-two folios, oblong (27.5 x 20 cm). Scribe: Francesco Antonio Lanciani. Contains *Dimmi, gentil Daliso* by Gasparini.

D-MÜs Hs. 1633. Thirty-two folios, oblong (27.5 x 20 cm). Scribe: Francesco Antonio Lanciani. Contains *Già dal platano antico* by Gasparini.

D-MÜs Hs. 1635. Thirty folios, oblong (27.5 x 20 cm). Scribe: Francesco Antonio Lanciani. Contains *Importuno Cupido* by Gasparini.

D-MÜs Hs. 1636. Thirty-nine folios, oblong (27.5 x 20 cm). Scribe: Francesco Antonio Lanciani. Contains *Io che dal terzo ciel* by Gasparini. It is the only one of Gasparini's duo cantatas to lack an instrumental introduction, and many elements suggest that it was copied very hastily: the lack of the title page, the first gathering left empty (probably for the *sinfonia?*), many mistakes and erasures, and inaccuracy in music and text layout.

D-MÜs Hs. 1637. Forty-one folios, oblong (27.5 x 20 cm). Scribe: Francesco Antonio Lanciani. Contains *Quel bel fonte* by Gasparini.

D-MÜs Hs. 1638. Thirty-three folios, oblong (27.5 x 20 cm). Scribe: Francesco Antonio Lanciani. Contains *Qui di natura a scorno* by Gasparini.

Editorial Methods

Gasparini's instrumental cantatas are transmitted by unique sources, all of which are authoritative copies prepared by professional scribes who were also composers. The original text is thus strongly reliable—the writing is quite clear, the layout wide, and the use of paper generous. Occasional errors (misplaced notes, rhythmic imprecision, missing alterations) have been emended and indicated in the critical notes. Global editorial adjustments are described in the following paragraphs.

The cantatas are arranged in the edition by genre and manuscript number. Titles are taken from the first line of text. Movement numbers are added editorially at the beginning of internal sections. Genre labels in the sources, which include "Aria," "Recitativo," "Sinfonia," and (once) "Introduzione," are retained. They are shown in the edition as movement titles and are added in brackets, when missing, following the practice of the sources. The meaning of such labels was in flux at the time, and the edition follows the sources even when label assignment conflicts with later usage. Original time signatures and note values are retained. Time signatures are tacitly reiterated at the beginning of movements, if missing, and omitted at the beginning of internal sections, if present. According to modern conventions, parts originally in C1, C2, C3, or any G clef are transcribed in treble clef. Tenor clef (C4) has been converted to bass clef when it occasionally appears in the basso continuo and cello parts, but its presence has been recorded in the critical notes in all cases. Resting staves are tacitly added in the first system to show all parts that appear in a section, but they are dropped if convenient in subsequent systems.

Abbreviations have been tacitly spelled out, regularized, and modernized. In the continuo line, the abbreviation "solo" sometimes appears in the sources as "vlc. solo," suggesting that violoncellos play without other bass instruments in these passages. Tempo indications and part names reflect the nomenclature of the source and are added in brackets when missing. Rubrics that would be superfluous in the modern edition (such as "volti subito," "Fine della sinfonia," "Fine della cantata," etc.) have been tacitly omitted. In the da capo arias, the end of section A is usually indicated by a fermata and/or a double barline; in the edition they have been further highlighted by the editorial caption "Fine" (without brackets). The original caption "Da capo" has been replaced by "Dal segno al Fine" when the final measure of the aria leads to a measure marked with a 𝄋 sign. In many sixteenth- and seventeenth-century manuscripts, it is often unclear to which particular section(s) repeat signs refer. In Gasparini's cantatas they usually refer to the previous section only and are indicated with the appropriate modern symbol in the edition; ambiguous cases are discussed in the critical notes.

Barlines are occasionally inconsistent in the sources, but as no particular metrical meaning has been found for such inconsistency, they have been regularized. Double barlines are retained or added at the ends of sections, final barlines at the ends of movements. Conversely, original double barlines are tacitly removed when they do not indicate sectional breaks (such as at character changes in recitative passages). Notes that continue past barlines (original or added) are divided into appropriate values and connected with a tie. Tied notes within a measure are converted to single notes representing the composite value when possible. Rests are notated according to modern engraving rules. Note values are sometimes adjusted at the ends of sections to accommodate da capo returns or thin-thin barlines at fines, but when this is the case the original readings are reported in the critical notes. Stem directions, beaming patterns, and rhythmic groupings are likewise made to conform to modern conventions. In the vocal line, individual flagging follows the syllabic declamation of the poetic text.

Ornaments, slurs, and other expressive markings are retained and added editorially in repeated passages and in some analogous phrases, but once a pattern has been established it is not extended to all figures that may be similarly articulated. Editorial dynamics, added only occasionally, are shown in bold roman typeface, rather than the traditional bold italic; editorial slurs and ties are dashed; and editorial articulations are enclosed in parentheses. The placement of dynamics has been regularized. In the sources a single symbol is usually written between the two violin staves, and in the edition it is reproduced below both violin parts when it clearly applies to both. Slur placement, which is sometimes imprecise in the sources, has been similarly regularized. In the vocal parts slurs usually indicate syllable placement in short melismas, and they have been retained or added in such instances; they have been tacitly omitted when modern beaming accurately indicates the text underlay, unless they seem to convey a particular articulation. Fermatas, usually indicating the final note of section A (in a da capo aria), if present in one part, have been tacitly extended to all the other parts. The numeral 3 has been tacitly added to all triplet figures for clarity.

Continuo figures follow the original source but have been modernized in their presentation. Figures are shown above the basso continuo staff (not below as in the sources) and are placed metrically to correspond to the indicated harmonic changes. A ♮ sign replaces the 3 in flat keys (for major thirds) and in sharp keys (for minor thirds). Erroneous figures have been corrected and indicated in the critical notes. Editorial figures have been added in brackets to clarify occasional ambiguous situations or to match recurring passages.

As is typical of the time, accidentals appear rather irregularly in the manuscripts. In the edition, all accidentals have their normal meanings according to modern practice, thus being valid for the whole measure in which they appear. Source accidentals have been modernized so that the ♭ symbol in sharp keys and the ♯ symbol in flat keys have been converted to ♮ signs with no further indication in the critical notes. Repeated accidentals in a measure have been removed without comment. When editorial accidentals (placed in brackets on the staff) anticipate source accidentals in the same measure, the latter are removed as redundant but duly mentioned in the critical notes. Cautionary accidentals have always been preserved from the original or moderately added by the editor (in this case, placed in parentheses on the staff) when considered helpful for the performer in truly ambiguous passages.

Critical Notes

The critical notes present source information and record discrepancies between the source and the edition. Source information includes the shelf mark for a particular manuscript in the Santini-Sammlung (Diözesanbibliothek, Münster), the position of the relevant cantata in the manuscript (for manuscripts containing multiple works), and a transcription of the cantata's title page, if present. Discrepancies are identified by movement, measure (m., mm.) number, voice part, and location within the measure, counting noteheads (including those with ties) and rests separately. The following abbreviations are employed hereafter: A = Alto, Vn. = Violin, Vc. = Violoncello, B.c. = Basso continuo, Ad. = Adone, Clo. = Clori, Dal. = Daliso, Dor. = Dori, Fil. = Filli, Tir. = Tirsi, Ven. = Venere. Pitches are given according to the system in which middle C = c'.

Destati, Lidia mia

Hs. 1629, "Destati Lidia mia | Cantata Alto Solo con Violini | Del Sig.ʳ Franc.ᶜᵒ Gasparini."

1. Aria

M. 30, Vn. 1 and Vn. 2, note 6 is dotted half, rest is lacking.

Ecco che alfin ritorno

Hs. 1631, "Ecco ch'al fin ritorno | Cantata Alto Solo con Violini | Del Sig.ʳ Franc.ᶜᵒ Gasparini." Apostrophe in "ch'al" omitted in the edition to match the spelling in the score.

2. Aria

Vn. is written in bass clef and follows the B.c. line exactly (as the directive "Violini unisoni con il basso" shows); transposed two octaves higher to fit the natural range of the Vn. Mm. 30–31, A reads as in example 1. M. 36, A, note 5 has ♭. M. 55, A, notes 7–8 are slurred. Mm. 56–61, B.c., clef is C4.

Example 1

sel- ve a- mi- che om- bro- se

3. [Recitativo]

M. 4, A, note 7 has ♭. M. 22, A, note 2, accidental is ♭.

4. Aria

Meter is $\frac{2}{4}$, but measures are often grouped two by two, with barlines frequently appearing after groups of four quarter notes. M. 24, B.c., note is c. M. 51, B.c., note 2 to m. 55, note 1, clef is C4. M. 61, directive "segue" indicates that Vn. follows A to m. 65.

Il mio sol quando partì

Hs. 1634, "Il mio Sol quando partì | Cantata Alto Solo | con V.V. | Del Sig.ʳ Fran.ᶜᵒ Gasparini | 1716."

1. [Aria]

M. 38, A, note 8 has ♯.

3. Aria

M. 79, Vn., note is dotted quarter, rest is lacking.

5. [Aria]

M. 103, B.c., fermata moved from previous measure. M. 121, A, note 1 is a'.

Dimmi, gentil Daliso

Hs. 1630, "Dimmi gentil Daliso | Cantata à 2. con Violini | Dori, e Daliso | Del Sig.ʳ Fran.ᶜᵒ Gasparini."

1. Sinfonia

M. 33, Vn., note 10 has ♭.

3. Aria

M. 3, Dor., note 1 is dotted quarter, rest is lacking. M. 11, Dor., note 1 is dotted quarter, rest is lacking. M. 62, Vn. and Dor., note is dotted half.

5. [Aria]

M. 27, Vn. 2, notes are quarters. M. 100, Vn. 1, notes 1–2 are a''–g''. M. 109, B.c., a 8th follows note 1.

6. [Recitativo]

M. 28, Dor., note 4 has ♯.

7. [Aria]

M. 9, B.c., notes 1 and 5 have ♯. M. 10, B.c., note 6 to m. 13, note 5, clef is C4. M. 12, B.c., note 9 has ♯ only in the da capo section, which is written out. M. 21, Dor., note 9 is half, rest is lacking. Mm. 27–29, B.c., clef is C4. M. 31, B.c., note 9 has ♯. M. 41, all parts, last note is quarter.

8. [Recitativo]

Mm. 10–11, B.c., d♯ and d♮ are tied (♮ is editorial). M. 13, Dal., note 5 has ♯.

9. Aria

M. 34, Vn. 1, note 3 is dotted quarter, rest is lacking.

10. [Recitativo]

M. 8, Dor., note 3 has ♯.

11. Aria [a 2]

M. 1, all parts, anacrusis is 16th. M. 61, Dor., notes are slurred. M. 103, Vn. 1, note 3 is g♯''.

Già dal platano antico

Hs. 1633, "Già dal platano antico | Cantata à 2. Con Violini | Tirsi, e Clori | Del Sig.ʳ Fran.ᶜᵒ Gasparini."

2. [ARIA]

M. 42, Vn., note 5 is c″. Mm. 87–88, Vn., notes are a sixth lower (which would be the only passage not in unison with the vocal line). Mm. 98–99, measures written as a single measure in ¢.

6. ARIA

M. 1 and anacrusis are written as three measures in ¢. M. 28, Vn., note 6 has ♮. M. 44, Vn., note 4 is g′. M. 48, a barline appears after note 4, creating a partial measure; barline removed and subsequent measures rebarred to m. 56, where another partial measure occurs.

8. ARIA

Vc. part is mostly in C4 clef (except mm. 14–17 and 77–79). M. 87, B.c., figure misplaced on note 2. M. 107, Vc., note 4 has ♯.

Importuno Cupido

Hs. 1635, "Importuno Cupido | Cantata à 2. Con Violini | Tirsi, e Clori | Del Sig:ʳ Fran:ᶜᵒ Gasparini."

3. ARIA

M. 20 has opening repeat sign, but subsequent da dapo is written out.

5. [ARIA]

M. 10, Tir., note 4 is dotted half, rest is lacking. Mm. 20–21 (to thin-thin barline) read as in example 2; adjusted and corresponding segno added in m. 1 to clarify structure. M. 24, Vn. 2, note 7 has ♭.

Example 2

7. ARIA

Mm. 14, 18, and 20, Clo., text transposed as "vorrei serbar."

11. ARIA

M. 38, rest is dotted half.

13. ARIA

M. 15, Vn. 2, note 2 is g′. M. 38, rest 2 is dotted half.

14. [RECITATIVO]

M. 4, Tir., note 8 has ♯.

15. ARIA

M. 36, Vn. note is quarter, rest 1 is lacking. M. 42, Clo., note 4 has ♭. M. 44, Clo., note 6 has ♭.

17. ARIA A 2

M. 12, Clo., note lacks augmentation dot. Mm. 18–37 and 43–77 (including anacrusis), Vn. 1 and Vn. 2 written in bass clef when they follow the B.c. line; transposed two octaves higher to fit the natural range of the Vn. M. 24, Vn. 2, note 2 is e′. M. 44, Vn. 2, note 2 is c″.

Io che dal terzo ciel

Hs. 1636, folios 1r–39v, no title page. Attribution to Gasparini is inferred from Lanciani's "Note di copie."

1. [RECITATIVO]

M. 3, Ven., note 4 has ♭.

2. ARIA

M. 15, Ven., note 4 is half, rest is lacking.

4. ARIA

M. 20, Vn. 1 and Vn. 2, note is half, rest 1 is lacking.

6. ARIA

M. 9, B.c., note 2 to m. 17, note 2, clef is C4. M. 20, Ven., note is dotted half, rest is lacking.

8. [ARIA]

M. 28, Vn. 2 and Ad., note 5 has ♯. Mm. 73–74, 1st and 2nd endings are editorial clarification of the source to show that the B.c. does not play the first time through; original reads as in m. 74 with repeat sign.

10. [ARIA] A 2

M. 8, Ven., notes 9–11 are slurred.

11. [RECITATIVO]

M. 10, Ven., note 15 has ♯.

14. ARIA

M. 1, Vn. 2, notes lacking; adopted from Vn. 1 as in subsequent measures. M. 20, Vn. 1, note 5 is b″. M. 34, Vn. 1, Vn. 2, and B.c., the measure, probably added later by the copyist, is corrupted and inaccurate (see ex. 3); amended by analogy to mm. 72–73, but other solutions are possible, such as postponing the bass line as a link to Ven.'s stanza as in example 4. M. 41, B.c., note 6 has ♮. M. 51, B.c., note 1 to m. 55, note 1, clef is C4. M. 61, Vn. 2 lacks slurs. Mm. 68–70, B.c., key signature has only two sharps; uninflected Gs are shown in the edition with ♮ signs, and ♯ signs that are made redundant by the adjustment in the key signature are tacitly omitted. M. 80, Ad., note 5 has ♯; B.c., note 4 is A.

Example 3

Example 4

Quel bel fonte

Hs. 1637, "Quel bel fonte | Cantata à 2. Con Violini Filli, e Sileno | Del Sig:^r Fran:^{co} Gasparini."

1. Sinfonia

Mm. 27–46, all triplets are 16ths.   Mm. 37–46, meter is 3/4, but measures are often grouped two by two, with barlines frequently appearing after groups of six quarter notes.   M. 42, Vn. 2, note 7 has ♯.

2. Aria [a 2]

Meter is 3/4, but measures are often grouped two by two, with barlines frequently appearing after groups of six quarter notes; all triplets are 16ths.

3. [Recitativo]

M. 6, B.c., note 1 is A♯.

4. Aria

M. 79, Vn., note 4 is 8th.

6. [Aria]

Mm. 31–34, meter is 3/8, but measures are grouped two by two, with barlines appearing after groups of six 8ths.

10. Aria

M. 12, Fil., note 14 has ♮.   M. 25, Vn., notes 9–10 are 8ths.   M. 27, Fil., notes 10–11 are a double appoggiatura to note 12.   M. 41, Vn., note 7 has ♮.   M. 42, Vn. and Fil., tied notes are single dotted half.

11. [Recitativo]

M. 2, Fil., note 6 has ♭.

12. Aria [a 2]

Mm. 21–28, meter is 3/8, but measures are often grouped two by two, with barlines frequently appearing after groups of six 8th notes.   M. 75, Vn. 1 and Vn. 2, note is dotted quarter, rest is lacking.   M. 82, Vn. 1, note 3 has ♯.

Qui di natura a scorno

Hs. 1638, "Qui di Natura à scorno | Cantata à 2. Canto, e Alto con Violini | Clori, e Daliso. | Del Sig:^r Fran:^{co} Gasparini."

1. [Recitativo]

M. 12, Clo., note 5 has ♯.

2. Aria

M. 92, Clo., notes 1–2 are slurred.

3. [Recitativo]

Mm. 10 and 14, Dal., note 4 has ♯.

4. Aria

M. 11, Vn., notes 1–2 are 8ths; B.c., note 1 is g.   M. 32, all parts, note is dotted half.

6. Aria

M. 16, Vn. and Clo., note 2 is e".

8. [Aria]

M. 1, B.c., note 2 to m. 19, clef is C4.

10. [Aria a 2]

M. 1, Vn. 1, notes 1–2 are slurred.   Mm. 81–86, meter is 3/8, but measures are often grouped two by two, with barlines frequently appearing after groups of six 8th notes.

Notes

1. Early Italian music scholars are certainly familiar with this valuable collection, which includes autographs and unique sources for music by Handel, Antonio Caldara, Alessandro Scarlatti, Giovanni Antonio de' Rossi, and Giacomo Carissimi. It was sold in the 1850s to the Diözesanbibliothek by Fortunato Santini, an indigent Roman abbot, in exchange for a life annuity of 465 *scudi*. See Vladimir Stasov, *L'Abbé Santini et sa collection musicale à Rome* (Florence, 1854); Rudolf Ewerhart, *Die Bischöfliche Santini-Bilbiothek*, in *Das schöne Münster* 35 (1962): 2–28; and Hans Joachim Marx, "The Santini Collection," in *Handel Collections and their History*, ed. Terence Best (Oxford: Clarendon, 1993), 184–97.

2. See Keiichiro Watanabe, "The Music Paper used by Handel and his Copyists in Italy 1706–1710," in *Handel Collections*, 198–226.

3. On the history of the Pamphili and Colonna families and their intertwined relationships, see Hans Joachim Marx, "Die Giustificazioni della Casa Pamphilj als musikgeschichtliche Quelle," *Studi musicali* 12 (1983): 122–87; Christopher M. S. Johns, *Papal Art and Cultural Politics: Rome in the Age of Clement XI* (Cambridge: Cambridge University Press, 1993); Stefano La Via, "Il cardinale Ottoboni e la musica: Nuovi documenti (1700–1740), nuove letture e ipotesi," in *Intorno a Locatelli: Studi in occasione del tricentenario della nascita di Pietro Antonio Locatelli*, ed. Albert Dunning (Lucca: LIM, 1995), 1:319–526; *Life and Arts in the Baroque Palaces of Rome*, ed. Stefanie Walker and Frederick Hammond (New Haven: Yale University Press, 1999); and *Aequa Potestas: Le arti in gara a Roma nel Settecento*, ed. Angela Cipriani (Rome: De Luca Editori, 2000).

4. See Hans Joachim Marx, "Die *Giustificazioni della Casa Pamphilj* als musikgeschichtliche Quelle," *Studi musicali* 12 (1983): 122–87. In her dissertation, Alexandra Nigito analyzes Pertica's handwriting and confutes Marx's theory. See Alexandra Nigito, "Le cantate di Bernardo Pasquini: Edizione critica," (Ph.D. diss., Università degli Studi di Pavia, 2000).

5. The front cover lists the authors "Stradella, Scarlatti, Gasparini." Moreover, two compositions—"Notte serena" and "Quei sospir"—belong to *La Statira*, an opera Alessandro Scarlatti composed on Pietro Ottoboni's text and performed at Teatro Tordinona in Rome on 5 January 1690.

6. Such as capital letters, the letters *h* and *ti*, and some musical elements such as alterations, clefs, and notes.

7. For a detailed examination of the handwriting of both Lancianis, see Lisa Navach, "*Cantando il duol dell'alme*: Analisi ed edizione critica delle cantate con violini di Francesco Gasparini," 2 vols. (Ph.D. diss., Università degli Studi di Pavia–sede di Cremona, 2004).

Recent Researches in the Music of the Baroque Era
Christoph Wolff, general editor

Vol.	Composer: Title
1	Marc-Antoine Charpentier: *Judicium Salomonis*
2	Georg Philipp Telemann: *Forty-eight Chorale Preludes*
3	Johann Caspar Kerll: *Missa Superba*
4–5	Jean-Marie Leclair: *Sonatas for Violin and Basso continuo, Opus 5*
6	*Ten Eighteenth-Century Voluntaries*
7–8	William Boyce: *Two Anthems for the Georgian Court*
9	Giulio Caccini: *Le nuove musiche*
10–11	Jean-Marie Leclair: *Sonatas for Violin and Basso continuo, Opus 9 and Opus 15*
12	Johann Ernst Eberlin: *Te Deum; Dixit Dominus; Magnificat*
13	Gregor Aichinger: *Cantiones Ecclesiasticae*
14–15	Giovanni Legrenzi: *Cantatas and Canzonets for Solo Voice*
16	Giovanni Francesco Anerio and Francesco Soriano: *Two Settings of Palestrina's "Missa Papae Marcelli"*
17	Giovanni Paolo Colonna: *Messe a nove voci concertata con stromenti*
18	Michel Corrette: *"Premier livre d'orgue" and "Nouveau livre de noëls"*
19	Maurice Greene: *Voluntaries and Suites for Organ and Harpsichord*
20	Giovanni Antonio Piani: *Sonatas for Violin Solo and Violoncello with Cembalo*
21–22	Marin Marais: *Six Suites for Viol and Thoroughbass*
23–24	Dario Castello: *Selected Ensemble Sonatas*
25	*A Neapolitan Festa a Ballo and Selected Instrumental Ensemble Pieces*
26	Antonio Vivaldi: *The Manchester Violin Sonatas*
27	Louis-Nicolas Clérambault: *Two Cantatas for Soprano and Chamber Ensemble*
28	Giulio Caccini: *Nuove musiche e nuova maniera di scriverle (1614)*
29–30	Michel Pignolet de Montéclair: *Cantatas for One and Two Voices*
31	Tomaso Albinoni: *Twelve Cantatas, Opus 4*
32–33	Antonio Vivaldi: *Cantatas for Solo Voice*
34	Johann Kuhnau: *Magnificat*
35	Johann Stadlmayr: *Selected Magnificats*
36–37	Jacopo Peri: *Euridice: An Opera in One Act, Five Scenes*
38	Francesco Severi: *Salmi passaggiati (1615)*
39	George Frideric Handel: *Six Concertos for the Harpsichord or Organ (Walsh's Transcriptions, 1738)*
40	*The Brasov Tablature (Brasov Music Manuscript 808): German Keyboard Studies 1608–1684*
41	John Coprario: *Twelve Fantasias for Two Bass Viols and Organ and Eleven Pieces for Three Lyra Viols*

42	Antonio Cesti: *Il pomo d'oro (Music for Acts III and V from Modena, Biblioteca Estense, Ms. Mus. E. 120)*
43	Tomaso Albinoni: *Pimpinone: Intermezzi comici musicali*
44–45	Antonio Lotti: *Duetti, terzetti, e madrigali a piu voci*
46	Matthias Weckmann: *Four Sacred Concertos*
47	Jean Gilles: *Requiem (Messe des morts)*
48	Marc-Antoine Charpentier: *Vocal Chamber Music*
49	*Spanish Art Song in the Seventeenth Century*
50	Jacopo Peri: *"Le varie musiche" and Other Songs*
51–52	Tomaso Albinoni: *Sonatas and Suites, Opus 8, for Two Violins, Violoncello, and Basso continuo*
53	Agostino Steffani: *Twelve Chamber Duets*
54–55	Gregor Aichinger: *The Vocal Concertos*
56	Giovanni Battista Draghi: *Harpsichord Music*
57	*Concerted Sacred Music of the Bologna School*
58	Jean-Marie Leclair: *Sonatas for Violin and Basso continuo, Opus 2*
59	Isabella Leonarda: *Selected Compositions*
60–61	Johann Schelle: *Six Chorale Cantatas*
62	Denis Gaultier: *La Rhétorique des Dieux*
63	Marc-Antoine Charpentier: *Music for Molière's Comedies*
64–65	Georg Philipp Telemann: *Don Quichotte auf der Hochzeit des Comacho: Comic Opera-Serenata in One Act*
66	Henry Butler: *Collected Works*
67–68	John Jenkins: *The Lyra Viol Consorts*
69	*Keyboard Transcriptions from the Bach Circle*
70	Melchior Franck: *Geistliche Gesäng und Melodeyen*
71	Georg Philipp Telemann: *Douze solos, à violon ou traversière*
72	Marc-Antoine Charpentier: *Nine Settings of the "Litanies de la Vierge"*
73	*The Motets of Jacob Praetorius II*
74	Giovanni Porta: *Selected Sacred Music from the Ospedale della Pietà*
75	*Fourteen Motets from the Court of Ferdinand II of Hapsburg*
76	Jean-Marie Leclair: *Sonatas for Violin and Basso continuo, Opus 1*
77	Antonio Bononcini: *Complete Sonatas for Violoncello and Basso continuo*
78	Christoph Graupner: *Concerti Grossi for Two Violins*
79	Paolo Quagliati: *Il primo libro de' madrigali a quattro voci*
80	Melchior Franck: *Dulces Mundani Exilij Deliciae*
81	*Late-Seventeenth-Century English Keyboard Music*
82	*Solo Compositions for Violin and Viola da gamba with Basso continuo*
83	Barbara Strozzi: *Cantate, ariete a una, due e tre voci, Opus 3*
84	Charles-Hubert Gervais: *Super flumina Babilonis*

85	Henry Aldrich: *Selected Anthems and Motet Recompositions*
86	Lodovico Grossi da Viadana: *Salmi a quattro cori*
87	Chiara Margarita Cozzolani: *Motets*
88	Elisabeth-Claude Jacquet de La Guerre: *Cephale et Procris*
89	Sébastien Le Camus: *Airs à deux et trois parties*
90	Thomas Ford: *Lyra Viol Duets*
91	*Dedication Service for St. Gertrude's Chapel, Hamburg, 1607*
92	Johann Klemm: *Partitura seu Tabulatura italica*
93	Giovanni Battista Somis: *Sonatas for Violin and Basso continuo, Opus 3*
94	John Weldon: *The Judgment of Paris*
95–96	Juan Bautista Comes: *Masses. Parts 1–2*
97	Sebastian Knüpfer: *Lustige Madrigalien und Canzonetten*
98	Stefano Landi: *La morte d'Orfeo*
99	Giovanni Battista Fontana: *Sonatas for One, Two, and Three Parts with Basso continuo*
100	Georg Philipp Telemann: *Twelve Trios*
101	Fortunato Chelleri: *Keyboard Music*
102	Johann David Heinichen: *La gara degli Dei*
103	Johann David Heinichen: *Diana su l'Elba*
104	Alessandro Scarlatti: *Venere, Amore e Ragione*
105	*Songs with Theorbo (ca. 1650–1663)*
106	Melchior Franck: *Paradisus Musicus*
107	Heinrich Ignaz Franz von Biber: *Missa Christi resurgentis*
108	Johann Ludwig Bach: *Motets*
109–10	Giovanni Rovetta: *Messa, e salmi concertati, op. 4 (1639). Parts 1–2*
111	Johann Joachim Quantz: *Seven Trio Sonatas*
112	Petits motets *from the Royal Convent School at Saint Cyr*
113	Isabella Leonarda: *Twelve Sonatas, Opus 16*
114	Rudolph di Lasso: *Virginalia Eucharistica (1615)*
115	Giuseppe Torelli: *Concerti musicali, Opus 6*
116–17	Nicola Francesco Haym: *Complete Sonatas. Parts 1–2*
118	Benedetto Marcello: *Il pianto e il riso delle quattro stagioni*
119	Loreto Vittori: *La Galatea*
120–23	William Lawes: *Collected Vocal Music. Parts 1–4*
124	Marco da Gagliano: *Madrigals. Part 1*
125	Johann Schop: *Erster Theil newer Paduanen*
126	Giovanni Felice Sances: *Motetti a una, due, tre, e quattro voci (1638)*
127	Thomas Elsbeth: *Sontägliche Evangelien*
128–30	Giovanni Antonio Rigatti: *Messa e salmi, parte concertati. Parts 1–3*

131	*Seventeenth-Century Lutheran Church Music with Trombones*
132	Francesco Cavalli: *La Doriclea*
133	*Music for "Macbeth"*
134	Domenico Allegri: *Music for an Academic Defense (Rome, 1617)*
135	Jean Gilles: *Diligam te, Domine*
136	Silvius Leopold Weiss: *Lute Concerti*
137	*Masses by Alessandro Scarlatti and Francesco Gasparini*
138	Giovanni Ghizzolo: *Madrigali et arie per sonare et cantare*
139	Michel Lambert: *Airs from "Airs de différents autheurs"*
140	William Babell: *Twelve Solos for a Violin or Oboe with Basso Continuo. Book 1*
141	Giovanni Francesco Anerio: *Selva armonica (Rome, 1617)*
142–43	Bellerofonte Castaldi: *Capricci (1622). Parts 1–2*
144	Georg von Bertouch: *Sonatas a 3*
145	Marco da Gagliano: *Madrigals. Part 2*
146	Giovanni Rovetta: *Masses*
147	Giacomo Antonio Perti: *Five-Voice Motets for the Assumption of the Virgin Mary*
148	Giovanni Felice Sances: *Motetti a 2, 3, 4, e cinque voci (1642)*
149	*La grand-mére amoureuse, parodie d'Atys*
150	Andreas Hammerschmidt: *Geistlicher Dialogen Ander Theil*
151	Georg von Bertouch: *Three Sacred Cantatas*
152	Giovanni Maria Ruggieri: *Two Settings of the Gloria*
153	Alessandro Scarlatti: *Concerti sacri, opera seconda*
154	Johann Sigismund Kusser: *Adonis*
155	John Blow: *Selected Verse Anthems*
156	Anton Holzner: *Viretum pierium (1621)*
157	Alessandro Scarlatti: *Venere, Adone, et Amore*
158	Marc-Antoine Charpentier: *In nativitatem Domini canticum, H. 416*
159	Francesco Scarlatti: *Six Concerti Grossi*
160	Charles Avison: *Concerto Grosso Arrangements of Geminiani's Opus 1 Violin Sonatas*
161	Johann David Heinichen: *Selected Music for Vespers*
162–63	Francesco Gasparini: *Cantatas with Violins. Parts 1–2*